Stellen Sie sich vor

Das Handbuch für die erfolgreiche Bewerbung

Für Judith, Sarah und Rebecca

Stellen Sie sich vor

Das Handbuch für die erfolgreiche Bewerbung

Die Deutsche Bibliothek - Bibliographische Information:
Die Deutsche Bibliothek verzeichnet diese Publikation in der Deutschen Nationalbibliografie; detaillierte bibliografische Daten sind im Internet über http://dnb.ddb.de abrufbar.

© 2005 Ulf Uebel

Umschlaggestaltung: Wachs Company, München

Herstellung und Verlag: Books on Demand GmbH, Norderstedt

Printed in Germany

ISBN 3-8334-2950-X

Das Nachahmen ist allezeit, wie mich dünkt, eine sehr kitzlige Sache, denn entweder zeigt meine Denkungsart nach Norden und mein Original auch, gut, so kommen wir etwas geschwinder dahin, wo wir allein vielleicht später hingekommen wären, oder ich nach Osten und das Original nach Nord, da wird das ganze Ding, das wir zusammen herausbringen, ein unkardinalisches nordöstliches Mittelding, oder ich zeige nach Süden und mein Original nach Nord, ja lieber Gott, da stehen wir wohl gar still und kommen nicht vom Fleck.

(Georg Christoph Lichtenberg, *Sudelbücher*)

Inhaltsverzeichnis

Vor(laut)wort 13

Der Bewerbungsprozess 19
   Was ist eine Bewerbung? 19
   Womit jede Bewerbung beginnt oder Vom Ziele setzen 21
   Wenn die Ziele klar sind: die Informationsbeschaffung 24
      Vom Suchen im Internet 25
      Andere Informationsquellen 26
      Networking in a small world 27
   Die Wahl des Bewerbers 30
   Die Initiativbewerbung - Warum eine Blindbewerbung keine ist 31
   Die externe Bewerbung auf die interne Ausschreibung 32
   Die Stellenausschreibung oder Vom Lesen 32
      Komponenten einer Stellenanzeige 33
      Die Rolle der Personalberatung 34
      So toll kann doch kein Mann sein: der Idealtypus in der Stellenanzeige ... 36
      Lesen und Schreiben 36
   Das Beispiel Geschäftsführer einer Privatklinik 38
      Muss-Soll-Kann-Kriterien 39
      Die Stellenbeschreibung 43
      Auch Muss-Kriterien sind ersetzbar 47
   Endlich - Die Bewerbung 49
      Woraus besteht die Initiativbewerbung? 49
      Vollständige Unterlagen 50
      Ausschnitte – die vielen Gesichter des Bewerbers 51
      Die vielen Seiten desselben Gesichts 53
      Informationen gegen den Erfolg oder Vom Zauber der Relevanz ... 54
      Die Abwärtsbewerbung oder Der Umweg zum Erfolg 56
   Die Unterlagen 57
      Die Bewerbungsmappe oder Die äußere Form 58
      Das Deckblatt 60
      Zeugnisse 61
      Der Geruch der Bewerbung 64
      Das Foto 65
      Der Lebenslauf 67
      Über Fremd- und Muttersprachen 68
      Unterlagen, die nicht in eine Bewerbung gehören 72
      Handschriftliche Bewerbungen und Handschriftenproben 72
      Referenzen 72
      Fremdsprachige Unterlagen 73

Papier, Schriften und andere Äußerlichkeiten... 73
Orthographie 77
Das Anschreiben 79
Hiermit beginnt die Langeweile: Wider das Bürokratische....................................... 80
Über den Namen 81
Ein Antwortenmuster auf das Anzeigenbeispiel 82
Witzige Bewerbungen 84
Mustersätze: Eine kurze Deutschstunde... 85
Verantwortung übernehmen für den eigenen Erfolg 86
Ein Statement zum statement of motivation 88
Gute Anschreiben sind kurz 89
Wirklich schlechte Bewerbungssätze.. 89
Online-Vorlagen für Anschreiben – Wie man Schlechtes noch schlechter macht .. 91
Wie denken Personalchefs und Warum diese Frage unglücklich macht................... 94
Die Online-Auswahl... 95
Die Online-Bewerbung... 97
Paradoxa – die Kür.. 99
Trennungsabsicht... 101
50mal beworben und noch nie eine Absage bekommen?.. 104
Das Response-Element in der Bewerbung.. 106
Vom Telefonieren 107
Über Fristen 110

Das Auswahlverfahren 113

Nach der Einladung *113*
Kaum Profis in der Personalauswahl 113
Entscheidungsmuster der Personalauswahl... 114
Sonstige Testverfahren (ACs, Probeaufgaben etc.)... 115
Allgemeine Vorbereitung des Vorstellungsgesprächs.. 118
Kleider machen Leute 119
Der erste Eindruck.. 121
Ein Interviewer oder viele?... 122

Das Interview... *123*
Über Erwartungen 124
Das Beispiel vom gesuchten Unternehmer 125
Die Bedeutung des Händedrucks... 127
Rollenverteilung im Interview 128
Ein wenig Körpersprachunterricht – Synchronisation als Kür 130
Essen als Prüfung.. 130
Trinken als Chance... 131
Von der Platzwahl.. 132
Vom Mitschreiben... 133
Interview-Stile (Vom Selbst-Unterhalter und vom Fallensteller)................................ 135
Vom Menschenkenner.. 137
Antworten gewinnen aus Fragen 138
Bewerbertypen (Vom Schweiger und vom Schwätzer)... 139
Vom „Maner".. 140
Typische Interviewer-Fragen (Von Stärken und Schwächen) 141
Meinungs- und Gesinnungsfragen 142

Die Profis 143
Vom Umgang mit zwei Interviewern.. 144
Das Stressinterview 145
Warum ausgerechnet Sie? 146
Und was sind Ihre Ziele? 148
Verbotene Fragen 149
Unfaire Fragen oder Vom Umgang mit Handicaps................................ 150
Fragen des Bewerbers 156
Das Gehalt.. 157
Weitere Vereinbarungen.. 159
Erstattung von Auslagen... 160
Absage als Beginn 160
Der Arbeitsvertrag.. 162

Nachwort 165

Danke.. 167

Ein Angebot an Bewerber 168

Vor(laut)wort

Kann es sein, dass Sie langweilig sind? Mehr noch: Ein aktiver Langweiler vielleicht? Wenn einer Ihrer wenigen Freunde Sie nur von Weitem sieht, überkommt ihn dann eventuell ein Gähnen? Ist er spätestens nach Ihrem zweiten Satz sanft entschlummert?

Die Fragen finden Sie unverschämt? Natürlich sind die meisten Menschen nicht langweilig. Sie auch nicht. Aber die Tatsache, dass Sie in Bewerbungsratgeber schauen, bringt Sie in Gefahr, langweilig (gemacht) zu werden.

Ratgeber, wie „man" „was" macht, sind generell gefährlich. Gut, wenn es sich um die Reparatur des Autos handelt oder das Binden von Krawatten, das mag noch angehen. Aber ein Ratgeber, wie man sich richtig bewirbt? Muss das nicht dazu führen, dass etwas Ähnliches dabei heraus kommt, wie bei besagtem Krawattenführer: Der Windsorknoten wird doch immer gleich gebunden? Und genau da liegt das Problem.

Bewerbung ist Werbung. Etwas konkreter: Bewerbung ist Direktwerbung. Sie sprechen den Umworbenen gezielt an, in der Regel schriftlich. Künstler haben sich seit jeher mit Arbeitsproben beworben, alle anderen müssen schreiben und sprechen. Auch diesen anderen wird man vielleicht eine Arbeitsprobe abverlangen, aber zunächst ist meist eine schriftliche Bewerbung gefragt. Für die erfolgreiche Bewerbung kann man eine Menge aus der Direktwerbung für andere Produkte lernen.

Die Empfindlichen unter meinen Lesern könnten hier schon Anstoß nehmen: daran, dass sie von dieser unseriösen Kunst „Werbung" lernen und daran, dass sie sich als Produkt verstehen sollen. Das kann, das darf doch wirklich nicht sein?

Vielleicht stehen Sie noch am Regal des Buchhändlers, während Sie diese Zeilen lesen, dann haben Sie jetzt die Möglichkeit, das Buch unauffällig zurückzustellen, vielleicht ist es auch für einen Umtausch nicht zu spät, wenn Sie das Buch doch mit nach Hause genommen haben. Denn es bleibt dabei: Wir bewegen uns in einem Markt, dem Arbeitsmarkt. In diesem Markt gelten im Wesentlichen die gleichen Regeln wie in anderen Märkten. Ich kann Produkte und Leistungen nur absetzen, wenn der Interessent sie kennt und ihren Nutzen für sich *er*kennt. Ich rede also weiter über Direktwerbung für ein Produkt. Aber was für ein Produkt! Ein Solitär, wertvoller als die blaue Mauritius.

Wie kann es dann sein, dass so viele Bewerber sich in Standardsätzen zu vermarkten suchen, als hätte die deutsche Sprache kaum 100 Wendungen, als sei sie nicht eine der an Flexibilität reichsten. Woran liegt das?

Jedes Jahr werden in Cannes die besten Werbefilme ausgezeichnet. Sie zeigen, wie komplex, wie spannend die Geschichten sein können, die gute Werber in wenigen Minuten erzählen. Lehrbücher für Werber vermitteln Techniken (auch Kreativitätstechniken), zeigen Wirkungen und Zusammenhänge. Wer sie beherzigt, hat das Handwerkszeug für gute Werbung. Das hindert viele nicht daran, Werbebrei zu erzeugen, fad und schal. Aber fad und schal wird eben nicht gelehrt in der klassischen Werbung.

Nur wenn es um *Be*werbung geht, wird fad und schal vorgeschrieben, abgeschrieben, nachgeschrieben, da wird Grauen erzeugt, aber keine Spannung. Wenn man die gängigen Bewerbungsführer durchsieht, meint man, es ginge darum, noch die geringste Unebenheit, die ein Bewerber haben könnte, zu glätten und dabei „Formulierungshilfen" für Anschreiben zu geben, die nicht nur phantasielos und unpersönlich sind, sondern unmittelbar aus dem Bürokratischen stammen. Und mit welcher Selbstverständlichkeit dort behauptet wird, die Verantwortlichen in den Firmen wollten die Bewerbung genau so oder genau so. Man merkt, dass nicht nur die Bewerber gleich gemacht werden sollen, sondern auch die Empfänger der Bewerbungen.

Ja aber, wird der eine oder andere jetzt einwenden, der sich im Internet oder zwischen zwei Buchdeckeln belesen hat, das stimmt doch nicht. In den meisten Anleitungen kann man doch lesen, Bewerber sollten auf Floskeln verzichten, individuell, ja originell auf Stellenausschreibungen eingehen. Genau! Warum liefern die selben Autoren dann „die besten Anschreiben", „450 Anschreiben zum Download", „die beste Form, den Lebenslauf zu gestalten" gleich mit[1]?

---

[1] Als ob ein Reifenhändler uns dringend empfohlen hätte, auf ausreichende Profiltiefe der Reifen zu achten und uns dann gebrauchte „Glatzköpfe" verkaufen wollte.

Man muss es einmal aussprechen: **Individualität, Originalität gar, steht schon logisch im Widerspruch zu jeder Art Vorlage.** Wer also den Unsinn kauft und für bare Münze nimmt, wem nichts auffällt bei der Zumutung, es gäbe so etwas wie die ideale(n) Vorlage(n) für alle, der darf sich nicht wundern, wenn er in schwierigen Zeiten hunderte von Bewerbungen verschickt, die sich gleichen, wie ein Ei dem anderen, und – wenn überhaupt – als Reaktion Absagen erhält: Absagen, die zu Recht mit Textbausteinen beantworten, was als Sammlung von Textbausteinen hereingekommen ist.

Und dann gibt es, insbesondere im Internet oder als Begleitmusik zu den inflationär angebotenen Bewerbungsmappen, den oben zitierten guten Rat *ohne* Vorlagen. Was also gäbe es daran auszusetzen? Nun, allgemeiner Rat ohne Beispiele hilft meist nicht, wer weiß schon auf Anhieb, wie er Floskeln vermeidet?

Ein Bewerbungsratgeber, der den Titel verdient, darf nicht das „Was" vorgeben, er muss sich das „Wie" vornehmen.

Ein Wort zu den angesprochenen schwierigen Zeiten: Wir stecken zweifellos in einem Strukturwandel, der das Bewerben nicht leichter macht. Dieser Strukturwandel hin zur Wissens-, zur Medizin- und zur Seniorengesellschaft trifft die am härtesten, deren Ausbildung nicht mehr gebraucht wird und die, die gar keine Ausbildung haben. Mindestens so hart ist er für alle, die z.B. wegen ihres Alters, wegen des überall verbreiteten Pessimismus, ja, wegen der vor allen Dingen von den Medien geförderten Lust am Niedergang alle Hoffnung fahren lassen und sich ihrer Verzweiflung hingeben.

Denn die wenigsten Werber können für ein Produkt werben, an das sie nicht glauben. Wenn Sie also überzeugt sind, keine Chance zu haben, dann sollten Sie sich das Geld für Bewerbungen und vor allem für dieses Buch sparen. Denn das Buch, das Sie in Händen halten, richtet sich an Menschen, die an sich glauben, die mit sich und anderen ehrlich sein wollen und die keine Mühe scheuen besser zu werden.

Ein offenes Wort zu Beginn: **dieses Handbuch hilft Ihnen, Ihre Selbstdarstellung zu entwickeln, es kann Probleme jenseits der Darstellung nicht beseitigen.** Und trotz des Umfangs bietet es keinen Raum für eine allzu behutsame Herangehensweise. Hier wird, Sie haben es längst bemerkt, deutlich gesprochen. Dieses Buch nennt fade Bewerbungen fade und gibt dem Bewerber selbst die Schuld dafür; es heißt Arbeitgeber verwahrlost, die Bewerbungsunterlagen anfordern und nicht zurückschicken, ja, sich nicht einmal zu einer Absage herablassen.

Dieses Handbuch spiegelt (nicht nur meine) jahrzehntelange Erfahrung als Personalleiter, Bewerbungstrainer und – mindestens so wichtig – auch als Bewerber[1]. In Zeiten, da alle ihre Autobiographie schreiben, wenn sich ihr Leben vollendet, was immer früher zu sein scheint, steigende Lebenserwartung hin oder her, und, wenn sie damit fertig sind und sich die Restlaufzeit doch noch hinzieht, ein Kochbuch folgen lassen, in diesen Zeiten also, schien es mir richtig, die eine, die Autobiographie, mit dem anderen, dem Kochbuch, zu verbinden und Ihnen ein Buch anzubieten, das selbst Erlebtes und nützliche Handreichungen zum Selbermachen miteinander verknüpft. Da der Autor dieser Zeilen (noch) nicht prominent ist, nie gut Tennis gespielt hat und keine eigenen Lieder singt, man also auf den großen Namen als Kaufanreiz verzichten muss, musste der Nutzen dieses Buches ein anderer sein: Sie bekommen das Wissen aus einigen zigtausend Bewerbungen verdichtet auf 160 Seiten. Auch wenn Sie es manchmal kaum glauben mögen und Ihnen das meiste selbst natürlich nicht passieren könnte: Keines der hier verarbeiteten Beispiele ist erfunden.

Sie werden feststellen, dass ich mich ab und an wiederhole (mir aber hoffentlich selten widerspreche, das sollen andere tun). Diese Wiederholungen sind der Verzweigtheit des Themas geschuldet. Vieles, was für die schriftliche Bewerbung gilt, gilt in ähnlicher Form für das Bewerbungsgespräch; was für den Lebenslauf richtig ist, ist es auch für das Anschreiben. Das hat den Vorteil, dass die einzelnen Teile dieses Werkes auch getrennt nutzbar sind – außerdem merkt man sich, was wiederholt wird, leichter.

Fußnoten sind genau das: Anmerkungen, die nicht unbedingt gelesen werden müssen. Einige Passagen habe ich in eigene Kästen eingesperrt. Sie sind

---

[1] Ich habe, wie jeder andere auch, gerade zu Beginn meines Berufslebens viele Bewerbungsfehler gemacht und zu allen Zeiten auf Bewerbungen weitaus mehr Absagen als Einladungen oder gar Arbeitsverträge erhalten – das ist normal!

nicht unwichtig, es kann jedoch, wer es eilig hat, an ihnen vorbei lesen; sie betreffen Randbereiche des Themas. Das Buch folgt weitgehend der Chronologie einer typischen Bewerbung, unterbrochen und verziert durch den einen oder anderen Exkurs.

Gleich ein solcher Exkurs: Dieses ist ein Bewerbungsratgeber für Deutschland. Das bedeutet nicht, dass ich Ihnen nicht empfehlen würde, sich im Ausland zu bewerben, ganz im Gegenteil. Die stark kulturabhängige Bewerbungskompetenz müssen Sie sich jedoch im jeweiligen Land bzw. bei einem Fachmann, einer Fachfrau aus diesem Land holen.

Ich überspitze, ironisiere, ja, neige auch zu Grobheiten. Dahinter steckt zunächst meist der ehrliche Zorn auf die, die uns die Stromlinie als Profil verkaufen wollen und die, die ihnen allzu unkritisch folgen. Sodann lässt sich mit diesen Mitteln Nähe und Distanz erzeugen. Die Überspitzung holt das jeweilige Thema heran, lässt uns vieles genauer erkennen. Die Ironie schafft Distanz zur Sache und zum Ratgeber selbst, sie hält uns wachsam und lässt uns den eigenen Kopf, die eigene Meinung nicht vergessen. Wer jeden Augenblick fürchten muss, dass man ihm auf die Zehen steigt, der tritt zur eigenen Sicherheit einen Schritt zurück.

Und so kleide ich gleich die erste Wiederholung in eine Warnung: Hier finden Sie keine Textbausteine, nichts, was sich einfach abschreiben ließe. Dies ist die Anleitung zu allerlei Mühsal. Sorgfältiges Lesen, stundenlanges Recherchieren, überlegtes Formulieren – und das, nachdem Sie sich zuvor durch diesen Ratgeber geackert haben.

Aber wenigstens wissen Sie nach der Lektüre, wie Sie vorgehen können. Was dann am Schluss dabei herauskommt, trägt Ihre Handschrift, nicht meine. Nur was Sie weglassen – und das ist manchmal wichtiger –, das erfahren Sie in diesem Buch und noch ein paar andere wesentliche Dinge, ich will mein Licht nicht unter den Scheffel stellen. Wie sonst sollte ich Ihnen die wichtigste Botschaft des Buches vermitteln: mehr Selbstvertrauen.

Der Bewerbungsprozess

Was ist eine Bewerbung?

Eine Bewerbung ist, wenn man vor der Lehre oder nach dem Studium seine Zeugnisse einsammelt, einen Lebenslauf zusammenstellt und samt Anschreiben an eine Firma schickt, mit dem Ziel, von dieser angestellt zu werden. Wer Pech hat und arbeitslos wird oder ein besonders karrieresüchtiger Job-Hopper ist, der muss sich häufiger bewerben. Menschen, die stetiger sind, können darauf verzichten.

Das erscheint Ihnen doch zu schlicht? Es ist aber genau dieses Denken aus den 50er Jahren des letzten Jahrhunderts, das bis heute unsere Vorstellung von der typischen Bewerbung prägt. Obwohl Arbeitslosigkeit seit 30 Jahren kein Randphänomen mehr ist, die durchschnittliche Betriebszugehörigkeit inzwischen unter sieben Jahren liegt, die Zahl der „Traditionsunternehmen" ständig abnimmt und die Globalisierung deutsche Binnenvorstellungen obsolet macht, hat sich an diesem Verständnis der Bewerbung bisher wenig verändert. Bewerbung ist immer noch Ausnahmezustand und so wird sie in den gängigen Bewerbungsführern auch behandelt. Dass der Ausnahmezustand langsam ganz normal wird, zeigt aber schon die inflationäre Vermehrung dieser Bewerbungsführer.

Bewerbung ist schon heute – und mehr noch in Zukunft – für die meisten von uns ein ständiger Prozess. Wir bewerben uns schon, wenn wir noch nicht sprechen können. Mit einem Lächeln, einem Blick, einem Schrei verlangen wir die Versorgung durch unsere Eltern und mehr noch ihre Liebe. Wir tun das ganz natürlich und nehmen es meist nicht als Anstrengung wahr. Wir bewerben uns mit Leistung um gute Noten, um einen Studienplatz, eine positive Beurteilung, ein Praktikum, eine Beförderung. Wir bewerben uns um ein höheres Einkommen, um die Zuneigung eines Partners und die Anerkennung derjenigen, die wir für wichtig halten. Die im Vorwort angesprochenen Autobiographien in jungen Jahren sind nichts als die Bewerbung um die Aufmerksamkeit eines möglichst großen Publikums. Form und Inhalt dieser Bewerbungen sind unterschiedlich. Ihnen ist jedoch gemein, dass sie uns im jeweils besten Licht darstellen, uns im wahrsten Sinne des Wortes sichtbar machen sollen.

Die Bewerbung um eine Anstellung ist insofern etwas besonderes, als sie nahezu die einzige ist, in der wir uns des Vorgangs vollkommen bewusst sind und das Wort „*Bewerbung*" aussprechen[1]. Diese Bewerbung wird mehr und mehr zum Teil unseres Berufsalltages. Wir werden uns vielleicht mit 16 das erste Mal und mit Anfang 60 das letzte Mal um eine Stelle bewerben und häufig dazwischen.

Auch in einer Festanstellung habe ich die Grundlagen meiner Bewerbung stets à jour gehalten, ungefähr so, wie die Zeitungen den Nachruf auf einen Prominenten immer wieder aktualisieren, um bei dessen Ableben nur noch ein, zwei Sätze anfügen zu müssen. Da es keine Standardbewerbung gibt, kann man jedoch keine fertige Bewerbung in den Schreibtisch legen, bei Bedarf (für den Fall des „Ablebens" der eigenen Stelle) um zwei Sätze ergänzen, mit einer Adresse versehen und verschicken. Man kann jedoch problemlos jede Ecke, um die das Leben einen treibt, jede neue berufsrelevante Erfahrung, dokumentieren.

Sie müssen zudem die Marktfähigkeit Ihres einzigartigen Produkts ständig neu erarbeiten und es immer wieder auf diese Marktfähigkeit hin überprüfen[2]. Das können Sie eher theoretisch tun, indem Sie Ausschreibungen ver-

---

[1] Noch bis Anfang des 20. Jahrhunderts *bewarb* man sich deutlich häufiger um eine Hand denn um eine Stelle, für Frauen war weder das eine noch das andere schicklich.

[2] In den 1980er Jahren konnte man z.B. feststellen, dass Computerkenntnisse im Zusammenhang mit kaufmännischen Berufen die häufig geforderten Schreibmaschinenkenntnisse zunächst ergänzten. Wer sie bereits mitbrachte, hatte einen erheblichen Wettbewerbsvorteil. Dann wurde der Computer obligatorisch, die Schreibmaschine verschwand. Inzwischen wird über Computerkenntnisse kaum noch gesprochen, sie werden einfach vorausgesetzt. Wer es in einem solchen beruflichen Umfeld versäumte, entsprechende Fertigkeiten zu erwerben, weil die eigene Firma nach wie vor gut mit Karteikarten auskam, dem entzog der Markt schleichend den Zugang.
Englisch, bis vor zwanzig Jahren eine Zusatzqualifikation, wurde zunehmend vorausgesetzt, zunächst reichten ordentliche Grundkenntnisse, inzwischen muss es, mindestens für Stellen, die ein Studium voraussetzen, in der Regel verhandlungssicher sein. Arbeiten Sie daran, auch wenn Sie es heute nicht brauchen.
Neben diesen berufsübergreifenden Kompetenzen gibt es in jedem Beruf noch spezielle, die meist auch mit dem Computer zu tun haben. Man muss, will man Marktfähigkeit erhalten, erwerben und pflegen, selbst wenn man sie aktuell nicht braucht.

folgen und Ihr eigenes Profil und seine Entwicklung daran messen, oder auch ganz praktisch, indem Sie sich bewerben.

Ich habe mich in regelmäßigen Abständen beworben, mit und ohne Veränderungsabsicht; bin sozusagen auf den Markt gegangen, mich umzuschauen, meine Ware feilzubieten, auch wenn ich sie nicht verkaufen wollte. Selbst wenn Sie das extrem finden, zu mühselig oder auch zu gefährlich (wer weiß, ob man auf diesem Markt nicht seinem derzeitigen Arbeitgeber begegnet!), sollten Sie Ihr Produkt für diesen Markt frisch halten und immer neu attraktiv verpacken, es ist ein Teil Versicherung für ein auskömmliches Leben.

Womit jede Bewerbung beginnt oder Vom Ziele setzen

Beginnt für Sie die Bewerbung mit dem Blick in die Samstagszeitung, mit dem Klick auf Monster.de? Wer auch so einkauft, den dürfte der Inhalt seines Kühlschranks ständig überraschen. Die meisten Achtjährigen haben genaue Vorstellungen davon, was sie werden wollen. Wenn man dagegen heute Erwachsenen *nach* dem Studium zuhört, könnte man meinen, die Frage sei unbeantwortbar.

Fragen Sie sich vor der Bewerbung also zunächst, wo Sie hinwollen. Auch und gerade, wenn Sie der Meinung sind, sowieso keine (Aus)wahl zu haben. Wer sich keine Ziele setzt, der vermeidet zwar die Enttäuschung, die mit der Verfehlung von Zielen immer verbunden ist. Niederlagen sind schmerzhaft, und es ist ein natürlicher Wunsch, sie zu vermeiden. Ohne Ziele allerdings wissen Sie nie, wie weit Sie von Ihren Wünschen abliegen und haben dauerhaft keine Chance, etwas zu verändern. Ziele setzen ist anstrengend, anstrengender als einen Ruf zu vernehmen[1].

Früher war es einfacher, man wurde meist in eine festgelegte Zukunft hineingeboren. Männer wurden, was der Vater war oder etwas sozial Ver-

---

[1] Ich habe immer Menschen beneidet, die früh genau wussten, was sie gerne, nein, was sie unbedingt anfangen wollten mit ihrem Leben. Sänger oder Fußballer sein zum Beispiel. Die Bereitschaft zu leiden für einen Traum, einen Ruf, eine Berufung. Aber es ist eine kleine Minderheit, die einen solchen Ruf vernimmt – und, oh Wunder, auch die zweifelt früher oder später.

gleichbares und die Mehrheit der Frauen hatte über Jahrtausende gar keine Wahl. Schrecklich? Ja, aber auch schrecklich einfach im Vergleich zu heute.

Dann entwickelte sich die moderne Gesellschaft mit ihrer differenzierten Arbeitsteilung und ihrer sozialen Durchlässigkeit, und nun hatte man eine Wahl. Selbst wer arm geboren wurde, konnte, Fleiß und Glück vorausgesetzt, mehr erreichen als die eigenen Eltern. Das galt zunehmend auch für die weibliche Hälfte der Gesellschaft[1].

Wir haben, mindestens als Ideal, die Meritokratie, die Herrschaft der Besten. Jeder, der gut genug ist, kann etwas, ja, kann *alles* werden, unabhängig von seiner Herkunft. Diese unglaubliche Chance hat etwas Unrealistisches – und doch wirkt sie machtvoll auf unsere Erwartungen. Schwindlig könnte einem werden bei dem Gedanken, was alles möglich ist, und schwindlig wird einem, stellt man sich vor, wie groß man scheitern könnte.

Und wie zur Bestätigung dieser Angst können wir seit Jahren in allen Gazetten lesen und auf allen Kanälen sehen, wie viele Menschen offensichtlich gescheitert, sprich arbeitslos, sind und wie viele es anscheinend auf immer bleiben.

Diese Mischung aus unendlichen Möglichkeiten und ebenso grenzenloser Absturzgefahr nimmt uns schleichend die Gewissheit über das, was wirklich ist. Sie lässt uns ständig schwanken zwischen Omnipotenzphantasie und abgrundtiefer Hoffnungslosigkeit. Das folgende Zitat aus einem (ernst gemeinten) Beratungs-Newsletter ist ein Beispiel für diesen Wahn, man könnte alles schaffen:„Sie wollen durch Ihre Selbstvermarktung etwas Bestimmtes für sich erreichen. Dazu ist es wichtig, dass Sie erst Ihre Ziele definieren, um dazu passend ein bestimmtes Image aufzubauen." Mit diesem Satz wird nicht weniger unterstellt, als dass es möglich sei, sich (beliebige) Ziele zu setzen, um sich alsdann die adäquate äußere Erscheinung, das angemessene Verhalten aufzusetzen, um diese Ziele zu erreichen.

---

[1] Um Missverständnissen vorzubeugen: Hier soll nicht behauptet werden, Frauen hätten bereits die gleichen Chancen – aber die (mindestens) gleichen Versagens-Risiken haben sie schon.

Es ist angesichts solch absurder Ansprüche natürlich schwierig, sich realistische Ziele zu setzen. Schwierig, nicht unmöglich. Man kann das Denkbare denken und das Machbare daraus ableiten. Das ist am einfachsten, wenn man am Anfang seines Berufslebens steht, alle Fragen sind noch erlaubt. Machen Sie sich klar,

- was Sie gerne tun würden,
- ob angestellt oder frei,
- bei welcher Art von Unternehmen,
- evtl. auch konkret bei welcher Firma.

Wollen Sie andere führen? Vorstand einer Aktiengesellschaft werden? Im Ausland arbeiten? Wollen Sie zu Fuß zur Arbeit gehen? Jeden Tag sicher um 17 Uhr zu Hause sein? Was wollen Sie in zehn Jahren erreicht haben? Wollen Sie Ihr ganzes Leben auf derselben Stelle bleiben? Was sind Sie bereit, in Kauf zu nehmen, um Ihre Ziele zu erreichen? Würden Sie umziehen, eine Wochenendbeziehung über 500 Kilometer hinweg führen?

Die Liste kann so lang werden wie Ihr Arm oder sich auf ein paar wenige Punkte beschränken. Suchen Sie nicht in diesem Buch, die Liste ist in Ihrem Kopf.

Für die, die im Berufsleben stehen und über eine Veränderung nachdenken, gestaltet sich das Aufstellen der Liste aus anderen Gründen einfach: Sie müssen nur in sich gehen und nach den Gründen forschen, die sie eine Veränderung herbeiwünschen lassen oder eine Veränderung erzwingen. Wahrscheinlich werden zunächst jede Menge negativer Gründe auftauchen: der statistisch wahrscheinlichste ist ein lausiger Chef. (Chefs, insbesondere die der lausigen Art, hören das nicht gerne, aber sie sind nachweislich der Hauptgrund, warum ein Mitarbeiter sich nach einem neuen Arbeitsplatz umsieht.) Dann kommen die blöden Kollegen, die langweilige Arbeit, die fehlende Perspektive, der ununterbrochene Stress, die weite Anfahrt, die Parkplatzprobleme usw.

Aber Vorsicht: es tut zwar gut, das alles einmal aufzuschreiben – als Grundlage für die Stellensuche ist es sowenig geeignet, wie Kuvertüre für den direkten Verzehr. Damit etwas Genießbares daraus wird, muss diese

Negativliste gedreht werden. Am Ende steht da der Wunsch nach einer echten Führungskraft und nicht mehr nur der Überdruss ob der Pfeife, die lauthals schreiend den Chef gibt; die fehlenden Perspektiven der derzeitigen Stelle verwandeln sich in die Suche nach einer konkreten Führungsposition.

Sie werden feststellen, dass es harte Grabungsarbeit ist, konkrete Wünsche freizulegen, die unter vagen Vorstellungen oder einem diffusen Unwohlsein verschüttet sind, und aus ihnen Ziele zu formulieren. Nehmen Sie sich dafür Zeit.

Wenn Sie die Liste Ihrer Ziele lesen, werden Sie Punkte finden, die sehr schwer miteinander zu vereinbaren sind oder sich widersprechen. Das ist kein Fehler, sondern zwingt zu zusätzlicher Klarheit: Sie müssen entscheiden, welches der widerstreitenden Interessen den Vorzug verdient, Sie müssen Ihre Ziele gewichten. Und um es noch etwas komplizierter zu machen: Die Gewichtung kann für jede Kombination von Zielen etwas anders ausfallen. Also: Vielleicht sind Sie für einen guten Chef bereit, weiter zu fahren, für die eigene Abteilungsleitung einen etwas schwächeren Chef in Kauf zu nehmen. So entwickeln Sie aus den Zielen auch mögliche Wege, die zu diesen Zielen führen könnten.

Haben Sie Ihre Liste? Nein? Dann weg mit diesem Buch, ein leeres Blatt Papier genommen oder den Computer[1] eingeschaltet.

Wenn die Ziele klar sind: die Informationsbeschaffung

Sie sind wieder da, haben also Ihre Ziele geklärt. Jetzt beginnt die Informationsbeschaffung – oder? Nein, ich weiß schon, jetzt wo die Ziele so übersichtlich da stehen, kommen Ihnen doch Zweifel, ob sie nicht ein bisschen gewagt sind. Ob Sie überhaupt eine Chance haben, alles umzusetzen, was Sie gerne hätten. Gemach, gemach. Die Prüfung Ihrer Ziele an der Wirklichkeit nehmen wir uns vor, wenn wir uns die nötigen Informationen be-

---

[1] Wer damit umgehen kann, der profitiert von elektronischen Systemen wie Mindmanager. Sie helfen, die eigenen Gedanken zu sortieren und erlauben „Brainstorming" ohne störende Dritte.

schafft haben. Das „wir" nach Medizinerart ist mir so herausgerutscht. Die Informationen müssen Sie sich natürlich selbst beschaffen. Da Sie jetzt wissen, wo Sie hinwollen, sollte es nicht zu schwer sein, die Wege zu finden.

Vom Suchen im Internet

> Lesen Sie schnell, denn nichts ist beständiger als der Wandel im Internet!
> (Anita Berres)

Bis vor einigen Jahren war es relativ umständlich, Informationen über mögliche Arbeitgeber zu bekommen, mindestens dann, wenn es nicht die ganz großen Unternehmen waren. Das machte es besonders schwer, wenn man sich bewerben wollte, wo gar keine Stelle ausgeschrieben war. Heute gibt es das Internet und schon der Schreiner um die Ecke hat einen mehr oder weniger gelungenen Auftritt, wo er Wunderdinge über sein Unternehmen zu berichten weiß.

Der Fortschritt ist allerdings ein relativer und hat auch Nachteile. Musste man sich früher die Krumen aus allen möglichen Winkeln suchen[1], ist es heute die gewaltige Schwemme an „Hits" auf jeden Sucheintrag, die einem die Informationsbeschaffung erschweren.

Wenn man nach geeigneten Stellen sucht, beginnt man am besten mit der eigenen Berufsbezeichnung. Und schon wird es, scheinbar, wieder schwierig. Nehmen wir an, Sie hätten einen Abschluss als Diplom-Kaufmann. Geben Sie in eine Suchmaschine wie „Google" das Wort „Kaufmann" verknüpft mit dem Wort „Job" ein, dann erhalten Sie „Hits" im sechsstelligen Bereich. Hier ist die ursprüngliche Bedeutung des Wortes „Hit", Schlag, angemessen, denn natürlich ist es unmöglich, aus einer solchen Menge direkt sinnvolle Informationen zu gewinnen. Übliche Suchstrategien verlangen die Eingrenzung Schritt für Schritt, also die Ergänzung der ursprünglichen ein oder zwei Worte um weitere Worte oder Satzfragmente. Diese Suchmethode führt jedoch zu sehr zufälligen Ergebnissen. Man kommt weiter, wenn man

---

[1] Ein beliebter Rat war:„Beschaffen Sie sich den Geschäftsbericht des Unternehmens über Ihre Hausbank", ich weiß nicht, ob das jemals jemand außer mir versucht hat – Schwamm darüber.

von vorneherein möglichst umfangreiche Suchvorgaben entwickelt. Es ist wie beim Hochseefischen – nur umgekehrt: Je engermaschig mein Netz, desto geringer der „Nebenfang", den ich nicht verwerten kann.

Also: *Kaufmann* und *Akademiker* und *München* und *Pharma* und *Stellenangebot*. (Natürlich kann man je nach Ziel auch mit „oder" und anderen Verknüpfungen arbeiten.) Mit dieser Eingrenzung liegt die Zahl der Ergebnisse bereits bei wenigen hundert. Natürlich besteht bei dieser Suchstrategie scheinbar die Gefahr, wichtige Ergebnisse nicht zu erhalten, z.B. weil alle Seiten fehlen, auf denen das Wort „Stellenangebot" nicht auftaucht. Aber bei dieser Suchstrategie kann ich durch schrittweises Weglassen oder Ersetzen einzelner Begriffe die Zahl der Ergebnisse nötigenfalls erhöhen. Außerdem bekomme ich noch einen weiteren interessanten Nebeneffekt. Ich prüfe die Übereinstimmung meiner Vorstellungen mit denen potenzieller Arbeitgeber. Wie das? Nun, ich bekomme nur Ergebnisse von Firmen, wo im wahrsten Sinn des Wortes meine Sprache gesprochen wird, je größer die Zahl meiner Vorgaben, umso höher muss diese Übereinstimmung schließlich sein.

Die Suchstrategien im Internet können beliebig vielfältig sein. Ob Sie Ihre Suche „eng" machen, indem Sie nur Websites mit dem Wort „Job" oder „Stellenangebot" suchen oder nur Pharmafirmen oder nur Firmen in Hannover und Umgebung, das hängt von Ihren Zielen ab – deswegen ist es ja so wichtig, sich vorher darüber klar zu werden.

Andere Informationsquellen
Natürlich ist das Internet nicht die einzige Quelle. Die örtlichen Industrie- und Handelskammern, von denen übrigens nicht wenige sich auch im Bewerbungstraining versuchen, bieten einen Überblick über die Wirtschaftsunternehmen in ihrem jeweiligen Bezirk. Sie veröffentlichen auch regelmäßig Unternehmensnachrichten, aus denen sich oft gut ablesen lässt, welche Unternehmen derzeit wachsen und damit wahrscheinlich Personal einstellen. Oft bleiben gerade bei schnell wachsenden Unternehmen die Personalplanung und die Besetzung der sich neu entwickelnden Stellen hinter dem

Wachstum zurück, was dieses Wachstum unnötig verlangsamt. Hier haben Initiativbewerber gute Chancen.

Wegen der im internationalen Vergleich hohen Hürden, sie zu entlassen, werden Mitarbeiter in der Regel auch sehr viel zögerlicher eingestellt, als es die wirtschaftliche Entwicklung eigentlich erlauben würde. Schlaue Bewerber nutzen das, indem sie z.B. erst einmal den Einstieg über ein Praktikum oder Volontariat suchen. Aber Vorsicht: Flexibilität an der falschen Stelle vernichtet die eigene Zukunft. Warum das so ist, dazu später mehr.

Networking in a small world
Zurück zum Suchen: Ich erlebe es in Bewerbungstrainings mit Gruppen, deren Mitglieder sich gut (zu) kennen (glauben), dass allseits große Überraschung herrscht über das, was die anderen in derselben Situation umtreibt. Keiner kennt die Qualifikationen oder gar die Schwierigkeiten des anderen. In einem Training war eine junge Chinesin dabei, die neben einem international angelegten kaufmännischen Abschluss über gute Deutsch- und Englischkenntnisse verfügt. Sie hatte dennoch große Probleme, eine geeignete Stelle zu finden. Eine der Teilnehmerinnen aus ihrem Bekanntenkreis schaute plötzlich auf und sagte: „Ich kann mir das gar nicht vorstellen, mein Nachbar, der vor ein paar Monaten aus Shanghai zurückgekommen ist, hat mir erzählt, dass seine Firma große Schwierigkeiten hat, Kaufleute zu bekommen, die Verhandlungen mit den einheimischen Verantwortlichen ohne Übersetzer führen können." Über die niedrige Schwelle, ihre Freundin mit diesem Nachbarn zusammenzubringen, musste ich sie heben, es fiel ihr einfach nicht ein.

Die Regel heißt: Nerven Sie Ihre Umwelt mit Ihrer Stellensuche, quälen Sie sie zu jeder Tag und Nachtzeit, erzählen Sie über Ihre Wünsche, über Ihre Erfahrungen.

Überlegen Sie jedoch genau, wem Sie erzählen, dass Sie sich schon über 50mal beworben haben, ohne einmal eingeladen worden zu sein. Wir alle haben die Neigung, uns mit solchen Botschaften an Menschen zu richten, die uns wörtlich oder im übertragenen Sinne tröstend auf die Schulter klopfen oder in den Arm nehmen. Man sollte sich die unter seinen Freunden oder Bekannten suchen, die den Mut haben, angesichts solcher Zahlen Zweifel zu äußern: Zweifel an der Richtigkeit der Bewerbungsstrategie oder Zweifel an der Lauterkeit solcher Übertreibungen.

Es gibt das small world-Phänomen, es bezeichnet die zuerst von Stanley Milgram[1] veröffentlichte Theorie, nach der jeder Mensch mit jedem anderen über eine Kette von maximal sechs Bekanntschaftsbeziehungen verbunden ist. Ein einfaches Beispiel: bis zum Papst brauchen auch Nichtkatholiken maximal fünf Stationen. Finden Sie in Ihrem Bekanntenkreis jemanden, der seinen Ortspfarrer kennt (falls Sie ihn selbst kennen, ist es eine Zwischenstation weniger). Der Ortspfarrer kennt seinen Bischof, dieser seinen Erzbischof und dieser wiederum hat sein Pallium direkt vom Papst verliehen bekommen. Angesichts der klaren Hierarchie der römischen Kirche wenig spektakulär? Das funktioniert auch mit Ihrer Verbindung zu Frau Li in Shanghai und zu Edmondo Gonzales in New York, glauben Sie mir.

Das Verbreiten von Informationen in Netzwerken und das Gewinnen von Informationen aus Netzwerken ist in der Massengesellschaft eine der wesentlichen Voraussetzungen für Bewerbungserfolg. Dafür muss man unter Umständen erst noch etwas Ballast abwerfen. Es gibt insbesondere in der Mittelschicht eine durch *Er*ziehung weit verbreitete Abneigung gegen „*Be*ziehungen". Das hat mit der negativen Erfahrung geschlossener Gesellschaften zu tun, in denen es unmöglich ist, Standes- oder Klassenschranken zu überwinden und in denen nur zu weltlichem Erfolg kommt, wer dazugehört. Entsprechend abwehrend reagieren die Mitglieder der offenen Gesellschaft (in der jeder, Können und Fleiß vorausgesetzt, scheinbar alles werden kann), wenn sie den Eindruck haben, jemand habe es „nur über Beziehungen" geschafft. Denn das bedroht fraglos das Leistungsprinzip und die Chancengleichheit aller, beides hohe Werte freiheitlich verfasster Gemeinwesen.

---

[1] Milgram (1933-1984) war der Psychologe, der auch drastisch nachgewiesen hat, dass die meisten Menschen durch Autorität leicht dazu zu bringen sind, andere zu misshandeln; dieser heute Milgram-Experiment genannte Versuch hat für die Führungslehre und damit mittelbar auch für die Bewerbung eine ganze Reihe von Implikationen, aber das ist ein anderes Thema.

Bei solcher Kritik wird gerne übersehen, dass die Wirklichkeit komplexer ist: Wenn durch Beziehungen, durch Protektion gar, jemand eine Stelle erhält, obwohl er schlechter qualifiziert ist als seine Mitbewerber, dann gefährdet das die Chancengleichheit. Erhält jemand eine Stelle, der geeignet ist, eben weil er besser informiert und vernetzt war, dann verfügt er damit offensichtlich über zusätzliche Qualifikationen, die ihn besonders befähigen, innerhalb der Wissensgesellschaft zu bestehen. Die Chancengleichheit wird nicht gefährdet, solange jeder andere sich dieselben Informationen gleichermaßen hätte beschaffen können. Informationelle Kompetenz ist in der komplexen Gesellschaft, die Mehrwert zunehmend aus Gewinnung, Entwicklung und Verbreitung von Wissen schöpft, ein nicht zu überschätzender Vorteil.

Und genau dabei waren wir zuletzt: bei der Informationsbeschaffung.

Sprechen Sie mit Freunden, Bekannten, Bekannten von Freunden, Ihren Professoren, Ausbildern, Onkel, Tante, Oma etc. Lesen Sie Zeitung, den Wirtschaftsteil (im Gegensatz zu beliebten Vorurteilen sind auch die Sportseite und der Lokalteil von Wert, denn wer z.B. Geld für Sponsoring ausgibt, prosperiert offensichtlich und kann unter Umständen auch neue Mitarbeiter beschäftigen). Lesen Sie zwischen den Zeilen, schauen Sie sich die Meldungen des Registergerichts an, auch dort finden Sie unter Umständen interessante erste Hinweise auf Unternehmen, die neu gegründet wurden, sich räumlich verändert oder eine neue Führungsspitze bekommen haben. Alle diese Entwicklungen sind in der Regel mit personellen Veränderungen verbunden.

So gibt es viele Möglichkeiten, sich über ein Unternehmen kundig zu machen. Ich kann beim Schreiben hören, was einige von Ihnen jetzt beim Lesen denken[1]: Warum soviel Mühe? Was nützen mir die ganzen Firmeninformationen, wenn diese Firmen doch keine Stellen ausschreiben, oder anders: Warum nicht auf die Samstagsseiten der Frankfurter Allgemeinen Zeitung (oder des örtlichen Äquivalents) beschränken, wenn doch dort die Stellen alle gut sichtbar aufgereiht sind. Und natürlich gibt es im Internet die vielen

---

[1] Eine sehr seltene Begabung …

Stellenportale von JobScout bis Monster, wo man Tausende von Stellen (viele allerdings nicht aktuell und einige nicht sehr seriös) und eine Menge zusätzlicher Informationen finden kann.

Wer es dabei beläßt, ist offensichtlich gern in großer Gesellschaft. Denn wenn Sie Samstagmorgen durch den Stellenteil blättern, befinden Sie sich in einem großen virtuellen Lesesaal. Darin sitzt neben Zaungästen auch Ihre zahlreiche Konkurrenz. Bevor Sie sich jetzt jedoch mit Grausen schon vor der Tür abwenden: Sie müssen da hinein. Sie müssen sich auch gegen die große Konkurrenz bewerben. Aber dabei belassen dürfen Sie es eben nicht.

Es gibt Firmen, die veröffentlichen keine Stellenangebote. Sie sparen sich das Geld, das die öffentliche Stellensuche kosten würde – je nach Stelle und Angebot an Bewerbern oft mehr als 20.000 Euro. Während viele „große Namen" mit ihren Stellenanzeigen auch den Markt und besonders die Konkurrenz beeindrucken wollen, leben gerade die „hidden champions" unter den Unternehmen davon, dass sie in Fachkreisen bekannt sind und Bewerbungen meist in ausreichender Menge allein durch die Aufmerksamkeit erhalten, die sie dort genießen. Bestenfalls findet man offene Stellen auf ihrer Homepage. Konkreter auf dieses Thema werden wir noch im Zusammenhang mit der Initiativbewerbung eingehen.

Die Wahl des Bewerbers

Halten Sie die gefundenen Angebote gegen die eigenen Möglichkeiten und Wünsche und überprüfen, wie weit sie übereinstimmen. Oder einfacher: Welcher Arbeitgeber passt (zu) mir? Wenn Ihnen diese Frage ketzerisch oder gar vermessen erscheint, müssen Sie an Ihrem Selbstbewusstsein arbeiten. Wer für sich wirbt, sollte die Auswahl zu einer Sache auf Gegenseitigkeit machen. *Nicht nur der Arbeitgeber sucht mich aus, ich suche mir den Arbeitgeber aus.* Diesen Satz sollten Sie sich gebetsmühlenhaft solange wiederholen, bis er Ihnen zur Maxime allen Bewerbungshandelns geworden ist[1].

---

[1] Manchmal helfen geschraubte Sätze beim Merken ...

Unterteilen Sie die potenziellen Arbeitgeber genau so, wie diese ihre Bewerber sortieren: in A-, B- und C-Kandidaten. A steht für auf „Auf alle Fälle bewerben", B steht für „Besser als C" und C für „Chance bevor ich aufgebe". Die Einteilung sollte Ihnen übrigens nicht schwerfallen, da Sie ja genau wissen, wo sie hinwollen.

Wenn Sie Zeit und genügend Auswahl haben, dann bewegen Sie sich zunächst in der Kategorie B, üben Sie dort ein wenig, das senkt den Adrenalinspiegel für die „A-Bewerbungen". Und damit geht das Bewerben los. Das Bewerben auf ausgeschriebene Stellen und das Bewerben auf Stellen, die es in interessanten Firmen geben könnte. Letztere Bewerbungen bezeichnet man als Initiativbewerbung, auf die wir gleich einen ersten Blick werfen.

Die Initiativbewerbung - Warum eine Blindbewerbung keine ist

Die Initiativbewerbung wird häufig auch als Blindbewerbung bezeichnet – man sollte eher sagen: verunglimpft. Nicht nur das Bild selbst ist schlecht gewählt: Das mit diesem Bild tatsächlich beschriebene Verhalten, die Bewerbung aufs Geratewohl nämlich, vernichtet sicher jede Aussicht auf Erfolg.

Sich blind zu bewerben heißt, Firmenadressen herauszusuchen und an die sehr geehrten Damen und Herren zu schreiben. Als ob man mit verbundenen Augen mit einem Luftgewehr in die Gegend schösse. Natürlich besteht auch dann die Möglichkeit eines Treffers, er ist nur nicht so sehr wahrscheinlich. Blindbewerbung ist wie Lotterie-Spielen. Man kann die Gewinnwahrscheinlichkeit nur durch deutlich höhere Einsätze erhöhen, die Zahl der angeschriebenen Firmen muss also sehr groß sein.

Eine Blindbewerbung ist gekennzeichnet durch einen *Mangel an Initiative.* Aber Sie können sich nicht blind bewerben, denn Sie sitzen vor Ihrem gut recherchierten und mit großer Kompetenz eingeteilten A- und Ihrem B-Stapel mit Ihnen bereits vertrauten Firmenprofilen und bewerben sich gezielt auf Stellen, die es im jeweiligen Unternehmen mit hoher Wahrscheinlichkeit gibt (auch wenn die Verantwortlichen in der Firma das selbst vielleicht noch nicht erkannt haben).

Noch mehr Erfolg allerdings verspricht die Initiativbewerbung auf Stellen, die es gibt. Hier sprechen wir bereits über die hohe Kunst der Initiativbewerbung und sie funktioniert nur mit Networking.

Die externe Bewerbung auf die interne Ausschreibung

In den meisten (mittleren und größeren) Unternehmen werden Stellen, die zu besetzen sind, zunächst intern ausgeschrieben. Eigene Mitarbeiter sollen so den ersten Zugriff auf diese Stellen, interne Bewerbungen bei gleicher Eignung also den Vorrang haben.

In der Regel werden Stellen zwei Wochen, in einigen Unternehmen auch länger, ausgeschrieben. Bauen Sie sich also ein Netz aus „Informanten" auf. Überlegen Sie, wen Sie kennen und in welcher Firma dieser Bekannte jeweils arbeitet (oder gearbeitet hat, viele Rentner haben noch erstklassige Verbindungen in Unternehmen). Fragen Sie nach, wenn Sie es nicht wissen[1]. Wenn Sie sich mitten in eine interne Ausschreibung hinein bewerben, auf die Sie gut passen würden, erhöhen Sie Ihre Chancen gewaltig. Zu diesem Zeitpunkt zeichnet sich oft schon ab (falls es nicht ohnehin bekannt war), dass die Stelle nicht durch einen eigenen Mitarbeiter zu besetzen ist.

Beziehen Sie sich dabei auf die interne Ausschreibung, aber nur auf die Inhalte, soweit Sie sie kennen, nicht auf die Tatsache der Ausschreibung. Der Zusammenhang kann in den meisten Unternehmen ohne Ihren Hinweis hergestellt werden und Sie vermeiden mögliche Irritationen, wenn Sie gar nicht erst erkennen lassen, dass „geheimes" Firmenwissen nach außen gedrungen ist.

Die Stellenausschreibung oder Vom Lesen

Jede Stellenanzeige ist Werbung. Werbung für ein Unternehmen, Werbung für eine Stelle, manchmal sogar Werbung für eine Idee, eine Sache. Untersuchungen zeigen, dass es nahezu die einzige Form von Werbung ist, die als

---

[1] Sie werden feststellen, dass Ihr plötzliches Interesse ganz nebenbei die Beziehung zu Ihrem Gegenüber weiter verbessert.

uneingeschränkt glaubwürdig gilt. So glaubwürdig, dass viele Menschen ganz überrascht sind, wenn in diesem Zusammenhang von Werbung die Rede ist. Diese Werbung ist – selbst wenn sie von Personalberatungen gemacht wird – auch deutlich inhaltslastiger als jede andere.

Komponenten einer Stellenanzeige

Jede Stellenausschreibung besteht aus fünf, manchmal sechs Teilen: Die Beschreibung des Stellenanbieters, also des Unternehmens, um das es geht, die Stellenbezeichnung, die Stellenbeschreibung, das Anforderungsprofil und die Kontaktmodalitäten. Manchmal findet sich auch noch ein Motivator oder ein Appell an die Bewerberin oder den Bewerber. Früher bestand der meist aus einem Hinweis auf die umfangreichen Sozialleistungen des Unternehmens, heute bleibt es öfter bei der Feststellung, dass die Stelle große Entfaltungsmöglichkeiten oder dergleichen biete. Hier hat ganz offensichtlich ein Paradigmenwechsel stattgefunden.

Sie werden feststellen, dass diese Teile meist nicht klar voneinander abgegrenzt sind, sondern fließend ineinander übergehen. Oft sind sie sogar so ineinander verkrallt, dass ein Satz mehrere Teile beinhaltet.

Die Größe der Anzeige gibt – oft besser als die Stellenbezeichnung – Auskunft über die finanziellen Möglichkeiten des Auftraggebers (und meist auch über die finanzielle Ausstattung der Stelle).

Auch die Position der Anzeige in der Zeitung gibt Ihnen eine Vorstellung davon, wie viel Gewicht das Unternehmen oder die von ihm beauftragte Personalberatung auf die Waage bringt. Dabei ist rechts oben gewichtiger als links unten.

Die Stellenanzeige enthält Informationen über das Unternehmen – und zwar in allen fünf Teilen, selbst und gerade wenn das Unternehmen das gar nicht beabsichtigt hatte. Dabei ist der erste Teil, die Beschreibung des Unternehmens, zwar interessant, meist gibt sie jedoch weniger her, als die Internet-Präsenz des Unternehmens. Interessant wird es erst, wenn man beides gegeneinander hält. Was war dem Unternehmen aus der Gesamtheit seiner

Wirklichkeit so wichtig, dass es in der vergleichsweise engen Stellenanzeige Platz gefunden hat?

Die Rolle der Personalberatung

Auch wenn es sich um eine anonyme Suche handelt, wenn also eine Personalberatung die Besetzung der Stelle übernommen hat, wird das suchende Unternehmen (wenn auch meist in sehr allgemeinen Worten) beschrieben. Schon aus der Wahl der Personalberatung erfahren sie jedoch eine Menge über das Unternehmen, die Stelle, die gesuchte Person. Handelt es sich um einen „Namen", also eine große Beratungsgesellschaft, ist das in der Regel auch mit höheren Kosten verbunden, außerdem leiht sich der anonym bleibende Stellenanbieter den Status der Beratungsgesellschaft. Es steckt also entweder eine bekannte Firma dahinter, die will, dass auch eine anonyme Suche eine entsprechende Sichtbarkeit hat oder eine eher unbekannte, die sich den Namen leiht, um ihren eigenen Status zu erhöhen bzw. eine größere Aufmerksamkeit zu erreichen.

Wenn wir schon dabei sind: Warum überhaupt „versteckt" sich ein Unternehmen hinter einer Personalberatung? Die Gründe sind vielfältig: Da ist zum einen die bereits erwähnte Möglichkeit, als Nobody am Markt die Aufmerksamkeit zu erhöhen und das Interesse auch von Bewerbern auf sich zu ziehen, die nur bei den großen Namen anbeißen.

Gerade für Stellen, auf die sich wahrscheinlich viele Bewerber melden werden, ist es wesentlich bequemer, eine Personalberatung mit der Anzeige, der Vorauswahl der Bewerber (Erstgespräch) und der Vorstellung eines kleinen Kreises geeigneter Kandidaten zu beauftragen. Auch unter Kostenaspekten ist es für große, bekannte Unternehmen, die fürchten müssen, auf ein Stellenangebot z.B. für einen Controller mehrere hundert Bewerbungen zu erhalten, günstiger, eine Personalberatung zu beauftragen, selbst wenn das 30-50.000 Euro kosten kann.

Es gibt auch Mischformen: Das Unternehmen stellt seinen eigenen Namen nach vorne, überlässt aber einer Personalberatung Suche und Vorauswahl. Damit zeigt man Präsenz im Markt, überlässt die eigentliche Arbeit aber den

Profis. Personalberatungen geben im Übrigen nicht selten Garantien, bei Fehlschlagen einer Besetzung innerhalb der ersten sechs oder auch zwölf Monate kostenfrei nachzubessern, also einen Ersatzkandidaten zu suchen. Das erhöht den Reiz einer solchen Dienstleistung, schließlich gibt es Verantwortliche, die ihren eigenen Fähigkeiten bei der Personalauswahl (zu Recht) nur bedingt über den Weg trauen.

Eine Reihe weiterer Gründe spricht für den Einsatz einer Personalberatung. So kann es sein, dass eine Stelle noch besetzt ist und man den Stelleninhaber über die Suche des Nachfolgers im Dunkeln lassen will. Oder zwei hauseigene Kandidaten machen sich Hoffnungen auf eine Aufstiegstelle, die man jedoch nach außen vergeben will. Oder die Stelle ist in den letzten zwei Jahren bereits zweimal besetzt worden und beide Male hat man sich innerhalb kurzer Zeit wieder getrennt, jetzt will man dem Markt nicht den Eindruck hoher Fluktuation vermitteln. Wer viele Stellenanzeigen schaltet, muss sich generell die Frage gefallen lassen, wie es denn zu einer so hohen Fluktuation komme. Da nützt die Beteuerung wenig, man wachse einfach schnell. Oder ein Unternehmen besitzt die Kompetenz überhaupt nicht, selbst neue Mitarbeiter zu suchen und auszuwählen. Alles gute Gründe, eine Personalberatung einzuschalten.

Dass man damit natürlich immer auch ein Risiko eingeht, liegt auf der Hand. Schließlich muss ein Fremder das Unternehmen nach außen vertreten und oft genug tut der sich gerade mit dem fachlichen Profil einer Stelle und den Besonderheiten des Unternehmens schwer[1]. Auch als Bewerber sollten Sie mit der Professionalität auch großer Personalberatungen nicht automatisch rechnen.

Haben Sie den Personalberater einmal davon überzeugt, das Sie für die Stelle gut geeignet sind, wird er versuchen, auch seinen Auftraggeber davon zu überzeugen, d.h. er wird Sie dabei unterstützen, die Stelle zu bekommen.

Wissen Sie noch, wovon wir sprachen, bevor ich meinen kleinen Ausflug an die Ränder der Personalberatungswelt gewagt habe? Nein? Dann Buch

---

[1] Wenn manche Unternehmen wüssten, wie schlecht auch namhafte Personalberater sein können, würden sie möglicherweise doch mehr selbst suchen, aber das hier ist kein Ratgeber für Personalrekrutierer (der kommt als nächster), sondern für Bewerber.

hinlegen, zehn Minuten spazieren gehen, wenn die Konzentration wieder da ist, machen wir weiter, denn die werden wir brauchen.

So toll kann doch kein Mann sein: der Idealtypus in der Stellenanzeige

Wir waren bei den Stellenanzeigen, aus welchen Teilen sie sich zusammensetzen und was man schon an ihrer äußeren Form und Platzierung erkennen kann. Bevor wir uns die Stellenanzeige inhaltlich betrachten, noch eine grundsätzliche Anmerkung: Alle Stellenanzeigen sind idealtypisch formuliert. Sie entstehen meist so, dass alle, die in einem Unternehmen oder einer sonstigen Einrichtung etwas mit dieser Stelle zu tun haben, ihre Vorstellungen äußern, wie der Stelleninhaber oder die Stelleninhaberin auszusehen hätte. Dabei kommt meist ein Wesen von einem anderen Stern heraus. Da es dieses Wesen so nicht gibt, haben alle diejenigen eine Chance, die ihm nur ungefähr gleichen – und zwar in möglichst vielen Punkten. Meist hat der Autor einer Stellenanzeige durch seine Formulierungen bereits eingebaut, wo es ihm auf die Ähnlichkeit mehr ankommt, und wo er bereit ist, Kompromisse einzugehen. Das gilt es herauszufinden, und wir beginnen wieder ganz schlicht.

Lesen und Schreiben

Die Grundregel heißt: Lesen. Konzentriert lesen. Noch einmal lesen. Auswerten. Am besten mit einem Blatt Papier. Nebenstehend finden Sie dazu eine mögliche (aber nicht unbedingt vollständige) Vorlage.

Wofür die Mühe? Zwei Gründe: Weil Sie wissen wollen, ob dieser Arbeitgeber und diese Stelle Ihren Anforderungen genügt bzw. auf wie viele Ihrer Wünsche sie evtl. verzichten müssten, wenn Sie mit Ihrer Bewerbung Erfolg haben sollten. Und zweitens, weil Sie wissen wollen, wieweit sich Ihre Fähig- und Fertigkeiten mit dem in der Stellenanzeige formulierten Stellenprofil decken.

Fakten
- Wie heißt das Unternehmen / Wie heißt die Personalberatung?
- Wie heißt die Stelle?
- Wie heißt der Ansprechpartner im Unternehmen?
- Welche Informationen enthält die Stellenanzeige über das Unternehmen?
- Was sind die wesentlichen Schwerpunkte, die in der Selbstbeschreibung hervorgehoben werden?
- An wen berichtet der Stelleninhaber?
- Neue Stelle oder Wiederbesetzung?
- Führungsposition (wenn ja, wie viele Mitarbeiter werden direkt, ggf. wie viele Mitarbeiter werden indirekt geführt)?
- Perspektiven/Motivatoren
- Angaben zur Ausstattung der Stelle (Einkommen, Mitarbeiter etc.)
- …

Forderungen
- „Harte[1]" Kriterien für die Stelle   Muss | Soll | Kann[2]
  Ausbildung
  Berufserfahrung
  Schwerpunkte
  Zusätzliche Kenntnisse
  Sprachen
- Welche Unterlagen werden angefordert?
- Welche Angaben müssen gemacht werden (frühester Eintrittstermin, Gehalt etc.)?
- „Weiche" Kriterien (z.B. Teamfähigkeit)
- …

Bewertung
- Gesamteindruck der Ausschreibung
- Besonderheiten/merkliche Unterschiede zu anderen, sonst vergleichbaren Ausschreibungen

---

[1] Bei den Anforderungen unterscheidet man meist zwischen „harten" und „weichen", neudeutsch auch hard skills und soft skills. Als hart bezeichnet man Faktenwissen, als weich in der Regel soziale Kompetenz. Hinter dieser Begrifflichkeit versteckt sich das Vorurteil, ersteres sei leichter zu prüfen und stünde auf festeren Beinen als letztere.
[2] Wir kommen gleich auf diese Unterscheidung zurück.

Wie ernst muss man den Text, der sich in der Stellenanzeige findet, denn nun nehmen? Gibt sich der, der die Stellenanzeige schaltet, auch so viel Mühe beim Schreiben, wie wir beim Lesen? Kann ich, muss ich jedes Wort auf die Goldwaage legen?

Das Beispiel *Geschäftsführer einer Privatklinik*

Nehmen wir uns ein Stellenangebot vor, wie es in letzter Zeit häufig auftaucht und nehmen es auseinander. Es handelt sich zwar um eine echte Ausschreibung, wenn Sie dieses Buch in den Händen halten, ist die Stelle aber sicher bereits besetzt, außerdem habe ich die Anzeige aus rechtlichen Gründen bezüglich der Daten etwas verfremdet.

> Wir sind eine im Rhein-Ruhr Gebiet ansässige, überregional bedeutende Privat-Klinik mit 17 Fachärzten. Ausstattung und Ambiente entsprechen den überdurchschnittlichen Erwartungen unserer auch internationalen Patienten. Wir suchen den
>
> ## Geschäftsführer Privat-Klinik (m/w)
>
> Für diese anspruchsvolle Position in einem dynamischen Umfeld erwarten wir u. a. ein Fach-/Hochschulstudium mit relevantem Schwerpunkt oder eine vergleichbare Ausbildung sowie mindestens drei Jahre Erfahrung in einer ähnlichen (oder stellvertretenden) Position, exzellente betriebswirtschaftliche Kenntnisse, breite Erfahrungen im Controlling und weitreichende Vertrautheit mit Steuer-, Arbeits- und SV-Recht sowie Kenntnisse des Abrechnungswesens und KV-Rechts. Außerdem: Profundes Wissen in Marketing und PR, nachweislich verhandlungssicheres Englisch in Wort und Schrift, möglichst die Beherrschung einer weiteren Fremdsprache und vor allem die Bereitschaft selbst anzupacken. Die Beherrschung aller Office-Anwendungen und gute Kenntnisse in einer Buchführungs-Standardsoftware setzen wir voraus.
> Erkennen Sie sich? Sind Sie kommunikativ stark und suchen Sie den persönlichen Handlungsspielraum? Dann senden Sie Ihre vollständigen Unterlagen an Herrn Dipl.-Volksw. Jens Kummer, Paul-Hindemith Str. 21, 50500 Irgendwo, kontakt@xxx.de, oder 0172-2397979, der Fragen bereits am Samstag zw. 16.00h und 19.00h beantwortet und Vertraulichkeit gewährleistet. Nennen Sie ihm auch Zieleinkommen und frühesten Eintrittstermin.
> Wir suchen auch das Gespräch mit exzellent qualifizierten Persönlichkeiten, die sich nach einer Familienphase für den beruflichen Wiedereinstieg sehr ehrgeizige Ziele gesetzt haben. Zusätzliche Informationen zu dieser Position finden Sie unter www...

Auch wenn in dieser Anzeige viele Formulierungen nicht glänzen, Gold im Sinne von Information steckt in jedem Satz. Wir haben hier die Anzeige einer Personalberatung mit den angesprochenen fünf Teilen. Sie beginnt mit einer Kurzbeschreibung des Arbeitgebers, setzt sich fort mit der Stellenbezeichnung. Diese Stellenbezeichnung „Geschäftsführer" lässt vermuten, dass es sich um eine Leitungsstelle handelt. Mehr als eine Vermutung kann es nicht sein, bevor wir die Stellenanzeige ganz gelesen haben, denn oft verstecken sich auch hinter hochtrabenden Stellenbezeichnungen eher bescheidene Inhalte. Der umgekehrte Fall kommt auch vor, ist jedoch seltener.

Es folgt eine Stellenbeschreibung, deren Tenor man mit einem Wort zusammenfassen könnte: fordernd. Die Patienten haben „überdurchschnittliche Erwartungen", die Position ist „anspruchsvoll" in einem „dynamischen" Umfeld. Gefordert wird die Bereitschaft „selbst anzupacken" von Menschen, die sich „sehr ehrgeizige Ziele gesetzt haben", geboten wird der „*persönliche* Handlungsspielraum".

Anders formuliert: Wer sich unter „Geschäftsführung" ein großes Sekretariat vorstellt und so ungefähr fünf bis sieben Fachbereichsleiter, die er führen kann, der sollte die Finger von dieser Stelle lassen. Schon die Größe bzw. die Textdichte in der Anzeige hat einen ersten Hinweis darauf gegeben, das notwendigerweise „Kleingedruckte" schafft abschließend Klarheit.

Muss-Soll-Kann-Kriterien

Und damit wird es Zeit, MSK einzuführen – die Muss-, Soll- und Kann-Kriterien, für die Angelsächselnden unter uns auch „must have", „should have" und „nice to have". Gerade Anfänger und flüchtige Leser neigen dazu, sich von den Anforderungen, die sie in einer Stellenanzeige finden, ins Bockshorn jagen zu lassen. Frauen sind da leichter zu beeindrucken als Männer. Wir neigen in unserer Gesamtheit eher zur Selbstüber-, Frauen eher zur Selbstunterschätzung. Auch wenn es die eine oder andere vielleicht traurig stimmt, Selbstüberschätzung ist ein Wettbewerbsvorteil bei der Bewerbung.

Alle in allen Stellenanzeigen enthaltenen Anforderungen können, nein, müssen einer der oben genannten Kategorien zugeordnet werden.

Man kann durch die Art, wie man in Stellenanzeigen formuliert, den Kreis der Bewerber größer oder kleiner machen. Wenn ein Arbeitgeber also vermutet, dass er sich mit seinem Angebot in einem Anbietermarkt befindet, es also viele Nachfrager nach dieser Stelle gibt, wird er mehr „Muss"-Forderungen stellen, als einer, der weiß, dass er sich in einem für ihn sehr engen Markt bewegt[1]. Oder, noch einmal etwas anders: Gibt es eine Forde-

---

[1] Eine kurze Anmerkung zum Markt: Man hört oft, der Arbeitsmarkt sei schlecht, weil einer Unzahl an Stellensuchenden zuwenig Stellenangebote gegenüber stünden. Damit

rung, die unbedingt erfüllt werden muss (z.B. verhandlungssicheres Arabisch eines deutschen Muttersprachlers), dann wird der Arbeitgeber alle anderen Anforderungen sehr zurückhaltend formulieren. Denn nichts, nicht einmal dreihundert Bewerbungen, schmerzt mehr, als auf eine Anzeige keine Bewerbung zu bekommen.

Suchen wir also nach den Muss-Kriterien in unserer Beispielsanzeige. „Wir erwarten" kann als Muss-Äquivalent durchgehen, wenngleich man frech den Standpunkt vertreten könnte, dass Erwartungen eben auch enttäuscht werden, aber dazu später mehr. Lassen wir die Erwartung als Muss-Kriterium durchgehen: Es muss also

ein Fach-/Hochschulstudium sein
- *mit relevantem Schwerpunkt oder*
- *eine vergleichbare Ausbildung*

Ein Muss-Kriterium, dem sofort die Zähne gezogen wurden: Jeder der ein Hochschulstudium (gleich welcher Art) hat, streng genommen muss es noch nicht einmal abgeschlossen sein, und dessen Schwerpunkt als relevant empfindet, kann sich bis hierher noch bewerben. Aber auch jeder, der z.B. eine Ausbildung hat, die er als angemessen betrachtet, ist noch im Rennen.

sowie mindestens drei Jahre Erfahrung

in einer ähnlichen (oder

stellvertretenden) Position,

Auch hier: auf den ersten Blick strenge Anforderungen, aber letztlich sind nur die drei Jahre Erfahrung ein echtes Muss-Kriterium, wo sie erworben wurden, ist nicht so wichtig.

exzellente betriebswirtschaftliche Kenntnisse,

---

ist jedoch nur ein Teilproblem des Arbeitsmarktes beschrieben. Tatsächlich fehlen Arbeitsplätze für Geringqualifizierte während gleichzeitig viele Arbeitsplätze nicht besetzt werden können, weil Bewerber mit der richtigen Qualifikation nicht zur Verfügung stehen. So steht einer relativ großen Zahl an offenen Stellen kein geeigneter Bewerber gegenüber – dabei ist nicht die Rede von seltenen Spezialisten. Auszubildende mit den richtigen Voraussetzungen zu finden, ist für viele Firmen heute so schwierig wie für die östlichen Bundesländer, ausreichend Ärzte zu gewinnen.

breite Erfahrungen im Controlling und
weitreichende Vertrautheit mit Steuer-, Arbeits- und SV-Recht
sowie Kenntnisse des Abrechnungswesens und KV-Rechts.
Außerdem: Profundes Wissen in Marketing und PR,
nachweislich verhandlungssicheres Englisch in Wort und Schrift,

Weitere Muss-Kriterien – wir sind immer noch bei den Erwartungen. Das klingt zunächst wieder sehr anspruchsvoll. Jetzt aber heißt es, genau zu lesen: gefordert sind BWL-Kenntnisse, der Schwerpunkt liegt auf Controlling, warum sonst sollte es extra erwähnt sein. Ansonsten jedoch haben wir es wieder mit einer Menge relativ beliebiger (man könnte auch sagen weicher) Adjektive, von „exzellent" über „breit" bis „weitreichend" zu tun. Es bleibt dem Selbstbewusstsein des Kandidaten oder der Kandidatin überlassen, was sie darunter versteht. Wohlgemerkt: Es war oben gerade nicht von einem BWL-Studium die Rede oder von einer *einschlägigen Berufserfahrung* als Controller. Die Kenntnisse sind zudem so breit angelegt, dass man niemanden finden wird, der auf allen Gebieten gleich gut ist – was die gesamte Forderung entschärft. Einzig das verhandlungssichere Englisch soll nachweisbar sein – wer also zum Vorstellungsgespräch eingeladen wird, sollte sich darauf gefasst machen, das Interview zumindest zeitweise auf Englisch zu führen.

Lesen wir die Anzeige zu Ende:

möglichst die Beherrschung einer weiteren Fremdsprache (ein Soll-Kriterium)

und vor allem die Bereitschaft selbst anzupacken (ein „weiches" Muss-Kriterium)

Die Beherrschung aller Office-Anwendungen und gute Kenntnisse in einer Buchführungs-Standardsoftware setzen wir voraus.

Alle Office-Anwendungen heißt hier höchstwahrscheinlich Microsoft Word, Excel, Outlook und ggf. Access und PowerPoint. Ein Muss-Kriterium – aber eben kein realistisches, auch hier sollte man sich nicht in die Irre führen lassen: Es ist anzunehmen, dass der Ausschreibende selbst nicht wirklich wusste, was dieses, als Nachsatz formulierte, Muss-Kriterium bedeuten würde, nähme man es wörtlich.

Aber wir sind immer noch nicht fertig:

> *Erkennen Sie sich? Sind Sie kommunikativ stark und suchen Sie den persönlichen Handlungsspielraum? Dann senden Sie Ihre vollständigen Unterlagen an Herrn Dipl.-Volksw. Jens Kummer, Paul-Hindemith Str. 21, 50500 Irgendwo, kontakt@xxx.de, 0172-000000, der Fragen bereits am Samstag zw. 16.00h und 19.00h beantwortet und Vertraulichkeit gewährleistet. Nennen Sie Ihm auch Zieleinkommen und frühesten Eintrittstermin.*
>
> *Wir suchen auch das Gespräch mit exzellent qualifizierten Persönlichkeiten, die sich nach einer Familienphase für den beruflichen Wiedereinstieg sehr ehrgeizige Ziele gesetzt haben. Zusätzliche Informationen zu dieser Position finden Sie unter www...*

Rein statistisch besteht die Mehrheit der „Persönlichkeiten nach einer Familienphase" aus Frauen. Auch hier ist wieder eine „exzellente Qualifikation" gefragt, ohne dass sie näher bestimmt wäre, im Zweifel bezieht sie sich auf die oben geforderten Punkte.

Interessant ist die Frage nach dem „Zieleinkommen", es ist eine eher unübliche Formulierung (normalerweise ist von „Gehaltsvorstellungen" die Rede), die aber in das Gesamtbild passt. Etwas flapsig formuliert: Der Bewerber äußert seine Ziele, der Arbeitgeber passt sie nach unten und in die Zukunft an... Seriöser ausgedrückt: In Verbindung mit den „ehrgeizigen Zielen", die man sich auch sonst gesetzt haben sollte, darf man vermuten, dass die eigene Einkommensvorstellung, wenn sie nicht ohnehin über dem mit Sicherheit knappen Budget liegt, zum (eines Tages erreichbaren) Ziel gemacht wird (siehe unten, „Das Gehalt").

Dem aufmerksamen Leser ist es aufgefallen: Gerade hatte ich noch behauptet, diese Anzeige enthielte alle fünf Komponenten der typischen Stellenanzeige – wo doch offensichtlich in dieser Anzeige eine Stellenbeschreibung fehlt? Zunächst sieht es so aus. Wir könnten natürlich dem Verweis auf den Internetlink folgen, auf den für zusätzliche Informationen hingewiesen wird, und natürlich werden wir das auch tun. Doch wollen wir die Stellenanzeige zunächst etwas genauer darauf untersuchen, was sie über die Stelle erzählt. Tatsächlich finden wir die komplette Stellenbeschreibung – zwischen den Zeilen.

Die Stellenbeschreibung

Lassen Sie uns also ein paar Interpretationen versuchen: In der Klinik gibt es 17 Fachärzte und wahrscheinlich auch das zugehörige Pflegepersonal aber wenig nichtmedizinische Kompetenz, denn gefordert ist umfangreiches Fachwissen auf allen nur denkbaren Gebieten: Buchhaltung inklusive Steuern und Mahnwesen, Controlling, Personalwesen, Marketing, PR, internationale Service- evtl. sogar Key-Account-Abteilung (Vertrieb bei Schlüsselkunden), Vertragsabteilung.

Der Stelleninhaber ist zugleich Chef und oberster Sachbearbeiter. Arzt muss er nicht sein, also hat die Klinik einen nirgends erwähnten ärztlichen Direktor. Fast überall wird der Geschäftsführer der *einzige* Sachbearbeiter sein und auch bleiben wollen müssen. „Selbst anpacken" wird ausdrücklich betont und „persönlicher" Handlungsspielraum. Also nicht handeln lassen, sondern selber machen.

Dazu gehört auch die Forderung nach der Beherrschung aller Office-Programme (gemeint sind, wie angesprochen, wohl eher gute Kenntnisse). Die meisten mir bekannten Geschäftsführer selbst kleinerer Unternehmen würden sich gegen solche „Sekretariatsqualifikationen" verwahren. Wir hatten jedoch schon festgestellt, dass mit der zitierten Forderung etwas anderes ausgedrückt werden sollte, z.B. dass der Geschäftsführer auch für die IT des Krankenhauses verantwortlich sein soll.

Noch wichtiger ist in diesem Zusammenhang, dass fehlt, was in vielen anderen Stellenbeschreibungen für solche Positionen zu lesen ist:„Unterstützt werden Sie durch ein kleines hochmotiviertes Team" oder so ähnlich. Der Geschäftsführer kann also *bestenfalls* auf eine Sekretärin und wenige Sachbearbeiter hoffen.

Die Klinik hat (oder hatte!) offensichtlich große Ambitionen, ganz eindeutig jedoch auch ein Kostenproblem. Controlling wird als Spezialdisziplin innerhalb der ebenfalls erwähnten Betriebswirtschaft besonders hervorgehoben, es ist der einzige Punkt, in dem ausdrücklich *Erfahrungs*wissen verlangt wird. Also darf man getrost vermuten, dass hier weniger Controlling im ursprünglichen Sinne der „Steuerung" sondern in der gerne genutzten Verengung der (Kosten)kontrolle gemeint ist.

Auf den Stelleninhaber kommt eine Menge Arbeit und nicht wenig Ärger zu: Die Klinik hat „anspruchsvolle ausländische Patienten" – er muss also Dienstleister mit ausgeprägten Fertigkeiten im Beschwerdemanagement sein. Interessant auch die Forderung nach Kommunikationsstärke als der neben Ehrgeiz einzigen „weichen" Kompetenz. Innerhalb der Klinikhierarchie kam der Geschäftsführer bisher wohl nicht vor (auch wenn es nicht ausdrücklich erwähnt und gerade weil nichts dazu gesagt wird: die Stelle wurde eindeutig neu geschaffen), und es ist anzunehmen, dass er mit Anordnungen wenig erreichen wird, vor allem nicht *gegen* den ärztlichen Leiter, er muss überzeugen können.

So überrascht es nicht, dass man ausdrücklich auch Rückkehrerinnen aus der Familienphase anspricht. Was auf den ersten Blick aussehen mag, wie eine besondere Betonung der Chancengleichheit, dient hier offensichtlich dazu, die Muss-Kriterien für diese Zielgruppe aufzuweichen, zugunsten einer größeren Lebenserfahrung, einer höheren Frustrationstoleranz, eines ausgeprägteren Durchhaltewillens, stärkerer kommunikativer Fähigkeiten und Sach- vor Machtorientierung, denn das sind die Eigenschaften, die intelligente Arbeitgeber Frauen im allgemeinen und Müttern im besonderen zuerkennen[1]. Umgekehrt wird hier auch deutlich, dass Frauen sich erst bewerben sollten, wenn sie die Familienphase wirklich hinter sich haben, es wird kaum Zeit für Kinder bleiben.

---

[1] Auch dabei handelt es sich natürlich um Klischees, aber eben doch um durch die Wirklichkeit besser abgesicherte.

Ich will an dieser Stelle nur so zum Spaß einmal formulieren, wie eine entsprechende Stellenanzeige im Klartext aussehen könnte:

> Wir sind eine im Rhein-Ruhr Gebiet ansässige, überregional bedeutende Privat-Klinik mit 17 Fachärzten. Ausstattung und Ambiente entsprechen den überdurchschnittlichen Erwartungen unserer auch internationalen Patienten, Führung und Organisation allerdings noch nicht. Wir suchen den
>
> ## Geschäftsführer Privat-Klinik (m/w)
>
> Als Stelleninhaber/in sollten Sie zwar ehrgeizig aber geduldig sein, leidensfähig, zuvorkommend, den anspruchsvollen Kunden und Ärzten jederzeit freundlich begegnen, Ihre Zahlen jedoch so im Griff haben und optimal darstellen können, dass Sie Ihre Sache auch gegen Widerstand durchsetzen können. Die Stelle wurde neu geschaffen und begrenzt die Handlungsfreiheit anderer im Unternehmen, insbesondere die des ärztlichen Direktors. Sie sollten daher Konflikte aushalten und ausgleichen können, ohne von Ihrem Ziel abzuweichen, der dringend gebotenen Kostenreduzierung. Darüber hinaus sollten Sie in neuen (auch ausländischen) Märkten zusätzliche Patienten akquirieren können und die Klinik PR-technisch nach vorne bringen. Stehen diese Forderungen bei konkreten Projekten im Gegensatz zueinander, hat die Kostenkontrolle Vorrang. Der heute noch relativ zahlreichen Kundenbeschwerden nehmen Sie sich selbst an. Sie sind weitgehend auf sich gestellt, zusätzliche Fachleute will und kann sich das Haus nicht leisten. Leiten Sie selbst daraus ab, was das für Ihr Gehalt bedeutet. Es handelt sich um einen 16-Stundenjob – am Tag wohlgemerkt.
> Frauen scheinen uns für diese Tätigkeit besser geeignet.

Aber das kann man natürlich in keine Stellenanzeige hineinschreiben, schon weil man damit einen Sturm im Unternehmen auslösen dürfte. Waren diese Botschaften, die wir herausgearbeitet haben, tatsächlich so beabsichtigt oder handelte es sich vielleicht nur um ungeschickte Formulierungen?

Meist kann eine solche Frage erst in der täglichen Wirklichkeit des Unternehmens beantwortet werden. In diesem Fall haben wir das Glück, dass im Internet eine ausführliche Aufgabenbeschreibung und sehr viel genauere Anforderungen zu finden sind:

Geschäftsführer Privat-Klinik (m/w)
Ihnen obliegt die Kaufmännische Geschäftsführung mit Schwerpunkt Allgemeinem Krankenhausmanagement und Marketing/Vertrieb/PR. Sie verantworten im Bereich Allgemeine Verwaltung/Personalwesen/IT:
- *Die Durchführung/Vorbereitung von Buchführung, Bilanzierung, L+G, Umsatzsteuer, Monats- und Quartalsabschlüssen, Cash-Management.*
- *Die Führung von ca. 20 MA im kaufmännischen und pflegenden Bereich.*
- *Die Kosten- und ertragsseitige Steuerung der Klinik sowie die Durchführung von Controllingaufgaben.*
- *Die Zusammenarbeit und Kontakt mit Krankenkassen, Behörden, Banken, Wirtschaftsprüfer/Steuerberater und Verbänden/Kammern.*
- *Die Pflege und Weiterentwicklung der EDV.*

Im Bereich Marketing/vertrieb/PR sind Sie auch verantwortlich für:
- *Die Konzeption und Durchführung von Marketing-, PR- und Vertriebsmaßnahmen, national und international.*
- *Das Key-Account Management, d. h. Beziehungspflege und -ausbau zu Kliniken, Praxen und Gesundheitsreisen-Dienstleistern und anderen Entscheidern.*
- *Die Kundenstammpflege, Kundenneugewinnung und Kundenzufriedenheitsanalysen.*
- *Das Produktmanagement/Produktentwicklung, d. h. Aufbau und Ausbau von Leistungspaketen zur Absatzförderung bei den Key - Accounts und Privat- und Kassenpatienten.*
- *Die Organisation und Durchführung von Messen, Mitarbeiter-Trainings und unsere PR*

Für diese anspruchsvolle Position in einem dynamischen Umfeld erwarten wir neben herausragenden soft-skills:
- *Ein Fach-/Hochschulstudium der Wirtschaftswissenschaften, idealerweise mit dem Schwerpunkt „Krankenhausmanagement" oder eine vergleichbare Ausbildung.*
- *Mindestens drei Jahre Zugehörigkeit zum Führungskreis oder in der (stellvertretenden)Leitung eines Unternehmens oder idealerweise Krankenhauses.*
- *Eine mehrjährige Erfahrung im kaufmännischen Controlling.*
- *Umfassende Kenntnisse in Marketing und Vertrieb, idealerweise aus dem (Gesundheits-)Dienstleistungssektor.*
- *Profunde betriebswirtschaftliche Kenntnisse, ergänzt um breites Wissen in Steuer-, Abgaben-, Arbeits- und Sozialversicherungsrecht.*
- *Kenntnisse des Abrechnungswesens und des KV-Rechts sowie Kenntnisse im Bereich Gesundheitsreisen nach Deutschland, ggfs. entsprechende Kontakte.*
- *Sehr gute, verhandlungssichere Englischkenntnisse in Wort und Schrift. Die Beherrschung einer weiteren Fremdsprache ist wünschenswert.*
- *Überdurchschnittliche Erfahrungen mit sämtlichen Office-Anwendungen wie auch Grundkenntnisse in einer Buchführungs- und L+G -Standardsoftware.*

Wenn Sie sich in dieser Beschreibung erkennen, kommunikativ stark sind, eine moderierende wie zielführende Sachverhaltsanalyse und Verhandlungsführung beherrschen, bieten wir Ihnen diese außergewöhnliche Herausforderung. Die Position ist mit großem persönlichen Handlungsspielraum verbunden. Wir wenden uns ausdrücklich auch an hervorragend qualifizierte Persönlichkeiten, die sich nach einer Familienphase für Ihren beruflichen Wiedereinstieg sehr ehrgeizige Ziele gesetzt haben.

Wir können stolz auf uns sein, wir haben das meiste schon aus der viel knapperen Stellenanzeige herausgelesen, nur der Stellenwert von Vertrieb und PR ist in der ausführlichen Internet-Anzeige deutlich größer als vermutet. Die Erwartungen an die Office-Kenntnisse sind dagegen erheblich zurückgefahren, dafür gehört dem Stelleninhaber – wie vermutet – eben auch die IT-Abteilung und – überraschend – die Pflegedienstleitung.

Und natürlich enthält auch diese ausführliche Stellenbeschreibung keinen „Klartext", wie den oben von mir vorgeschlagenen. Der Halbsatz „Wenn Sie … *moderierende wie zielführende Sachverhaltsanalyse und Verhandlungsführung beherrschen*" wird jedoch so deutlich, wie in einer Anzeige möglich. Aus den zusätzlichen Informationen wird auch klar, warum eine Frau gute Chancen haben könnte: 17 Alphawölfen (den Ärzten), denen ein „Rudel" von nur rund 20 Mitarbeitern gegenübersteht, ist mit einem weiteren Alphawolf nicht gedient, wenn dieser nicht – mindestens zeitweise – Schafspelz zu tragen gewillt ist.

Auch Muss-Kriterien sind ersetzbar
Es sollte deutlich geworden sein, welche Informationen aus einer Stellenanzeige zu gewinnen sind. Natürlich sind nicht alle Stellenanzeigen so ausführlich und zugleich so maßlos in ihren Forderungen. Und natürlich kann man nie sicher sein, ob man es nicht nur mit jemand zu tun hat, der nicht formulieren kann. Zwischen gut und schlecht formulierten Anzeigen lernen Sie jedoch mit zunehmender Leseerfahrung zu unterscheiden. Lesen Sie Stellenanzeigen, auch wenn Sie sich gerade nicht bewerben. Auf diese Weise beobachten Sie ständig den Stellenmarkt in ihrem beruflichen Umfeld und über dieses hinaus. Es verblüfft mich jeden Tag mehr, wie viele Menschen täglich Börsenkurse mindestens am Rande der Fernsehnachrichten wahrnehmen, während sie den eigenen (Arbeits)markt keines Blickes würdigen, bis sie dazu gezwungen werden.

Noch ein grundsätzliches Wort zur Stellenanzeige: In der Stellenanzeige formuliert der Arbeitgeber seine idealen Anforderungen. Je detaillierter und je fordernder er das tut, umso schwieriger wird es, den Anforderungen gerecht zu werden. ==Man sollte die Stellenanzeige ernst nehmen und möglichst alle „Muss"-Kriterien erfüllen, wenn man sich bewirbt. Dennoch gibt es Muss-Kriterien, zum Beispiel das Studienfach, die durch qualitativ vergleichbare ersetzt werden können.== Muss es unbedingt Jura mit einem bestimmten Notendurchschnitt sein, dann formuliert der Arbeitgeber auch entsprechend, zum Beispiel mit der „Befähigung zum Richteramt". Ansonsten sollte man sich genau überlegen, ob die eigenen Qualifikationen nicht ebenso gut oder gar besser als die geforderten geeignet sind, eine bestimmte Stelle auszufüllen. Um mit solchen alternativen Qualifikationen erfolgreich zu sein, muss man sie besonders überzeugend darstellen, also die hohe Kunst der Bewerbung beherrschen, davon später mehr.

Wir wissen jetzt, wie wir eine Stellenanzeige auseinander nehmen müssen, haben aber noch gar nicht darüber gesprochen, warum wir das tun. Nun, vereinfacht gesagt: Die Stellenanzeige ist die Eröffnung eines Dialoges, und damit wir angemessen antworten können, müssen wir gelesen und verstanden haben, was unser Gegenüber gesagt hat. Dass der Ausschreibende in der Regel versucht, ein Maximum an Information auf kleinstem Raum unterzubringen, dass er dabei oft undeutlich ist, dass er manchmal schlicht zu Floskeln greift, erhöht nur die Notwendigkeit, genau zu lesen und zu interpretieren. Dabei kann eine Interpretation herauskommen, die unser Gegenüber nie im Sinne hatte. Das ist unvermeidlich. Kann sein, dass er über unsere Antwort selbst erst Dinge versteht, kann sein, dass er sich desinteressiert abwendet, wenn wir entsprechend antworten.

Es gibt keine Garantie dafür, dass der Dialog funktioniert, oder dass es im Feld der Konkurrenten nicht solche gibt, die besser mit dem Anbieter ins Gespräch kommen. Es wäre jedoch ziemlich unsinnig, deswegen gar nicht erst den Versuch zu unternehmen, sich auszutauschen[1].

Jetzt geht's los: Vor uns liegen die Stellenanzeige und unsere Auswertung der Stellenanzeige; die Bewerbung kann beginnen. Nehmen Sie sich nach der anstrengenden Lese-Arbeit noch eine kurze Auszeit, denn jetzt geht die anstrengende Schreib-Arbeit los.

---

[1] Umgekehrt enthalten Stellenanzeigen meist nicht die Informationen, die man sich als Bewerber wünschen würde. Das kann zunächst all denen egal sein, die immer unter einer hinreichenden Zahl an Bewerbern wählen können. Ganz anders sieht es in den an Bewerbern knappen Teilarbeitsmärkten aus, dort führen schlechte Anzeigen dazu, dass es keine Bewerber gibt.

Endlich - Die Bewerbung

Bei der Bewerbung, so scheint es, gibt es nur Erfolg oder Misserfolg. Dabei sein ist hier nichts. Im Gegenteil, jeder arbeitet darauf hin, nicht mehr dabei zu sein. Das aber ist ein Irrtum, das ganze Berufsleben ist eine Kette von Bewerbungen. Wer aufgehört hat, sich zu bewerben, hat aufgehört, sich beruflich zu entwickeln. Es gilt, das Bewerben als eine Fertigkeit begreifen zu lernen, die unabhängig von Ausbildung und Fach zur Grundqualifikation im Berufsleben zählen sollte.

Woraus besteht eine Bewerbung? Zunächst einmal aus Form und Inhalt. Gibt es eine Stellenanzeige, auf die wir uns bewerben, dann sind die Inhalte meist vorgegeben, die Form seltener. Bei der Initiativbewerbung ist dem Bewerber beides überlassen.

Woraus besteht die Initiativbewerbung?

Früher empfahl man, dass eine Initiativbewerbung aus nicht mehr als dem (etwas ausführlicheren) Anschreiben bestehen sollte, Unterlagen sollte man nicht mitschicken. Das war jedoch in einer Zeit, als die Vervielfältigung von Unterlagen noch deutlich teurer war als heute und als nahezu alle Firmen überlassene Unterlagen auch zurückgaben, man empfahl dem Bewerber damit also, seinen Wunscharbeitgeber nicht mit unnötigen Portokosten zu belasten.

Die Zeiten (oder sagen wir lieber: die Sitten) haben sich geändert, viele Firmen geben auch angeforderte Unterlagen nicht zurück. Gerade Firmen, die unaufgefordert viele Bewerbungen erhalten, werden sich umgekehrt kaum die Mühe machen, Unterlagen anzufordern, die ihnen nicht gleich mit dem Anschreiben vorgelegt wurden.

Welche Unterlagen Sie einer Initiativbewerbung beilegen und welches Format Sie wählen, müssen Sie selbst entscheiden. Der Spielraum ist dabei größer als bei der Bewerbung auf eine Anzeige, schließlich hat keiner Vorgaben gemacht.

Eine Initiativbewerbung kann auch mal ein Leporello sein, ein zweimal gefaltetes DIN A 4-Blatt, ein Flyer, das Bild eingescannt, der Lebenslauf auf die Höhepunkte verdichtet. Die Initiativbewerbung kann z.B. auch ein Response-Element enthalten, also zum Beispiel eine frankierte Rückpostkarte. Oder Sie belassen es bei einem Anschreiben und einem Lebenslauf, die beide jedoch etwas länger sein dürfen, als in einer Bewerbung auf eine Anzeige. Denn im Falle einer Initiativbewerbung eröffnen Sie den Dialog, nicht der Arbeitgeber. Sie müssen Ihrem Leser Ihr Anliegen erläutern.

In den Zeiten der eigenen Website sind einige Bewerber dazu übergegangen, Links auf diese eigene Website zu verschicken. Das hat natürlich den unbestreitbaren Vorzug, dass der Bewerber dort jederzeit die ganze Breite und Tiefe seiner Existenz darstellen kann. Der Nachteil: der Einstellende muss sehr viel eigene Aktivität entwickeln, das wird er nur tun, wenn Ihr Anschreiben spannend war.

Wir kommen später immer wieder auf die Initiativbewerbung zurück, wollen uns jetzt aber erst einmal mit Bewerbung auf eine Ausschreibung und den dort meist angeforderten Unterlagen befassen.

Vollständige Unterlagen

Was ist darunter zu verstehen, wenn in den Anzeigen „vollständige", „übliche" oder „aussagekräftige" Bewerbungsunterlagen gefordert werden? Nun, die vollständigsten Bewerbungsunterlagen, die ich je bekommen habe, waren in Leder gebunden. Sie umfassten alles, was der Kandidat im Laufe seines kaum 25 Jahre währenden Lebens an offiziellen, semioffiziellen und sonstigen ihm wichtigen Papieren gesammelt hatte, inklusive beglaubigter Geburtsurkunde, Fahrtenschwimmer und aller Beurteilungen der Bundeswehr. Wir haben die Schwarte einmal zur allgemeinen Erheiterung durch das Unternehmen gereicht und dann mit einem freundlichen Schreiben zurückgeschickt. Das Gegenextrem war eine Postkarte mit einem Satz: Wenn man einen spannenden Kandidaten kennen lernen wolle, dann solle man ihn, Telefonnummer umseitig, bitte einladen. Ich hoffe, dass ihn mal jemand angerufen hat, aber das war das Äquivalent des Schrotschusses auf große Ferne: geringe Treffer- und noch geringere Wirkungswahrscheinlichkeit.

Ausschnitte – die vielen Gesichter des Bewerbers
Zunächst einmal gehört alles in eine Bewerbung, was ausdrücklich angefordert ist. Ansonsten lautet die Antwort auf die oben gestellte Frage: Es kommt darauf an. Auf die Fülle des gelebten Lebens und die Menge vorhandener Unterlagen, auf die Stelle und nicht zuletzt darauf, welchen Ausschnitt man von sich vorstellen möchte.

Ausschnitt? Wie das? Kann man nicht in allen Bewerbungsführern nachlesen, dass Unterlagen und Lebensläufe bitte lückenlos und wahrheitsgemäß sein sollen? Und jetzt müssen Sie lesen, dass Sie Ausschnitte darstellen sollen? Zunächst: Auch ich lehre, dass Lebensläufe keine Lücken aufweisen und natürlich wahr sein sollten! Aber es liegt an Ihnen (und natürlich an den in der Stellenausschreibung geäußerten Erwartungen), welches Ihrer Gesichter Sie zeigen wollen. (Siehe unten, „Informationen gegen den Erfolg oder vom Zauber der Relevanz")

Spätestens an dieser Stelle bekomme ich in meinen Trainings immer einen mehr oder weniger empörten Zwischenruf:„Aber ich bin doch nur einer und außerdem immer derselbe". Wenn Sie auch dieser Meinung sind, dann sollten Sie darüber noch einmal nachdenken.

Ein einfaches Beispiel: Wir sind als Kind unserer Eltern auf die Welt gekommen. Das ist eine der Rollen, die wir unser Leben lang beibehalten werden. Schon hier lassen sich (mindestens) drei Phasen unterscheiden: Als Kind sind wir abhängig, den Eltern mehr oder weniger unterworfen (allerdings weiß, wer Kinder hat, welche Macht ein Einjähriger nachts um drei hat und mit welcher Gewalt er sich durchsetzt). Als Erwachsener wird eine gewisse Gleichberechtigung entstehen (obgleich viele Eltern an ihrer Rolle krampfhaft festhalten – auch das normal), und wenn unsere Eltern alt und hinfällig sind, dann wird die Kinderrolle möglicherweise eine, die der von Eltern sehr nahe kommt, bis hin zum Waschen, Ankleiden und Füttern. Wir bleiben also zwar immer das Kind unserer Eltern, aber in dieser Rolle nicht immer der oder die selbe.

Während wir immer Kind unserer Eltern bleiben, beginnen wir, erwachsen, eine Partnerschaft. Dabei unterscheidet sich unser Verhalten als Partner von dem als Kind. Wir können zwischen diesen unterschiedlichen Rollen wechseln, ohne es wahrzunehmen. Wenn Sie mit Partner und eigenen Kindern bei Ihren Eltern zum sonntäglichen Mittagessen sind, können Sie nacheinander Ihren Vater nach seiner Gesundheit fragen, Ihren Jüngsten zurechtweisen, weil er gerade seine Schwester tritt und Ihren Partner bitten, die Kartoffeln herüberzureichen. Wenn Sie das innerhalb weniger Sekunden in dieser Abfolge tun, wird sich Ihr Vater natürlich fragen, wie interessiert Sie an seiner Gesundheit wirklich sind. Noch irritierter wären allerdings alle drei, wenn Sie alle diese Interaktionen im genau gleichen Tonfall abwickeln würden – also ohne die Rolle zu wechseln.

Sie sind für jeden potenziellen Arbeitgeber ein Anderer, eine Andere. Selbst wenn zwei Arbeitgeber je einen Controller suchen, die beide ein abgeschlossenes Hochschulstudium und mindestens drei Jahre Berufserfahrung haben, sucht der eine jemanden, der als Spezialist für den Vertrieb in einer großen Controlling-Abteilung eine Balanced Score Card entwickelt, der andere eine Einzelkämpferin, die ein Management-Informationssystem entwickelt. Sie sind Controller und könnten beides? Darauf wollte ich hinaus. Bei einer Bewerbung sollte das Angebot möglichst gut in Übereinstimmung mit der Nachfrage gebracht werden.

Lassen Sie mich das an einem vereinfachenden Schema verdeutlichen.

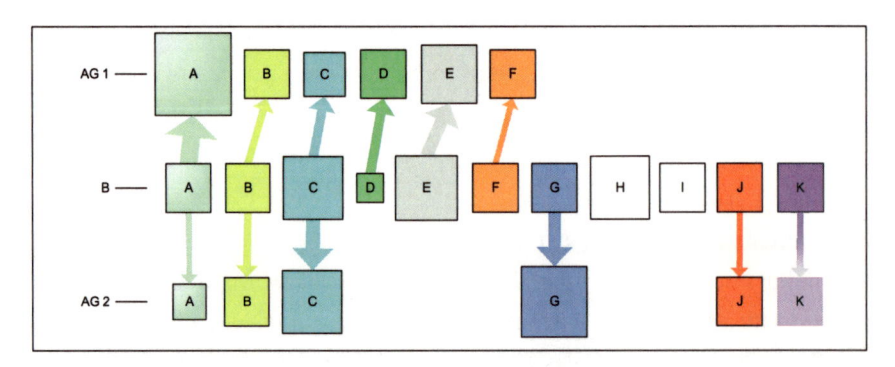

Wir haben hier die zwei oben angesprochenen potenziellen Arbeitgeber 1 und 2, zwischen denen ein Bewerber steht, und wollen zeigen, wie dieser Bewerber ihnen ein jeweils unterschiedliches Gesicht zuwendet.

Die Buchstaben vertreten die Anforderungen dieser Arbeitgeber einerseits und das Können des Bewerbers andererseits, die Kastengröße symbolisiert die verlangte bzw. vorhandene Ausprägung dieses Könnens. Die Farben sollen nur die Lesbarkeit erhöhen. Es zeigt sich, dass ein Bewerber, der für beide Stellen in Frage kommt, für beide Arbeitgeber ein unterschiedliches Profil darstellen *muss*, nicht nur bezüglich der Kenntnisse an sich, sondern auch in der Breite und Tiefe der Darstellung (angedeutet durch die Breite der Pfeile).

Um das an einigen Punkten zu erläutern: Wenn A) die Ausbildung wäre, dann verlangen Arbeitgeber 1 und 2 dieselbe Ausbildung, aber Arbeitgeber 1 legt in unserem Beispiel deutlich mehr Wert auf diese Ausbildung. Entsprechend sollte die Bewerbung bei Arbeitgeber 1 dort auch Schwerpunkte enthalten (z.B. können Sie für 1 einen einschlägigen Seminarschein beilegen, der für 2 überflüssig wäre). Die Kenntnisse D, E, F werden nur von Arbeitgeber 1, die Kenntnisse G, J nur von Arbeitgeber 2 nachgefragt. H und I werden überhaupt nicht angesprochen und finden keine Erwähnung, K wird zwar auch nicht verlangt, aber das Umfeld von Arbeitgeber 2 lässt erkennen, dass K interessant sein könnte, und also sollte man darüber berichten.

Ein und derselbe Bewerber ist – auch bei gleicher Stellenbezeichnung – für zwei verschiedene Arbeitgeber eben nicht derselbe. Und genau darum funktionieren auch die „besten" Vorlagen für Bewerbungsanschreiben und Lebensläufe nicht[1].

Die vielen Seiten desselben Gesichts
Auch wenn wir über Berufserfahrung sprechen, ist ein- und derselbe bisherige Arbeitgeber eben nicht immer derselbe: Ich war viele Jahre Leitender Angestellter bei einem Direktversicherungsunternehmen, das schon am Namen als Teil eines größeren Konzerns erkennbar war. Faktisch handelte es sich um eine Versicherungsgruppe, da in Deutschland Allspartenversicherer

---

[1] Oder – bestenfalls – soweit, wie sie z.B. als Lebenslaufvorlage mögliche Strukturen *ohne* Inhalt anbieten.

immer mehrere rechtlich selbständige Versicherungsfirmen gründen müssen.

Hätte ich mich aus dieser Stelle heraus beworben, dann wäre für ein anderes Versicherungsunternehmen „Deutschlands größter Direktversicherer" der aktuelle Arbeitgeber gewesen. Für Konzerne außerhalb des Versicherungsbranche wäre ich Führungskraft eines Tochterunternehmens eines der größten Handelskonzerne gewesen und bei einem Mittelständler hätte sich der Personalchef eines mittelständisch organisierten Unternehmens beworben. Drei von potenziell noch deutlich mehr ehrlichen (!) aber eben in der jeweiligen Situation nach Relevanz gewichteten Aussagen. Sie verdeutlichen, wie vielschichtig die Wirklichkeit ist, und wie differenziert man sich in einer Bewerbung darstellen kann (und muss). Schon dieses kleine Beispiel sollte hinreichen, um die Sinnlosigkeit einer Standardbewerbung zu zeigen.

Die meisten potenziellen Arbeitgeber sind entsprechend irritiert, wenn sie merken, dass sie eine Bewerbung bekommen, die mit vorgestanzten Formulierungen oder ganzen Textbausteinen arbeitet. Mindestens so schlimm sind zu viele Unterlagen oder keine, wo offensichtlich welche existieren und hingehören.

Informationen gegen den Erfolg oder Vom Zauber der Relevanz

> Stil ist richtiges Weglassen des Unwesentlichen.
> (Anselm von Feuerbach)

Wir werden uns in den Abschnitten über Anschreiben und Lebenslauf ausführlich damit beschäftigen, wie eine gute Bewerbung aussehen könnte und welche Informationen hinein gehören. Wir werden auch immer wieder darauf kommen, was man besser vermeidet.

Lassen Sie mich jedoch gleich zu Beginn auf ein Kapitel kommen, das üblicherweise in den Bewerbungsführern fehlt, die bezüglich der Bewerbungsunterlagen dem Vollständigkeitswahn verfallen sind. Frauen sind besonders gefährdet, „ehrliche" Informationen zu geben, die ihre Erfolgsaussichten schmälern oder zunichte machen. Da arbeiten nicht wenige die geforderten

Kompetenzen ab und weisen auf alle Punkte hin, denen sie meinen, *nicht* gerecht zu werden. Oft mit der Bemerkung, sie seien gerne bereit, die geforderten aber fehlenden Kenntnisse noch zu erwerben. Also bitte: Entweder Sie trauen sich die Stelle zu (und warum sonst hätten Sie sich bewerben sollen), dann erklären Sie, warum Sie für die Stelle gut geeignet sind – und nicht, welche Defizite Sie haben (oder zu haben glauben). Oder Sie verzichten auf die Bewerbung. Und dann gibt es die entgegengesetzte Variante des Vollständigkeitswahns, die eher bei Männern anzutreffen ist: Jeder noch so kleine Erfolg, jede noch so unbedeutende Weiterbildung wird aufgeführt.

Es gibt eine ganze Reihe von Gründen, sich kurz zu fassen und Punkte wegzulassen bzw. aus dem Fokus zu nehmen. So ist es immer noch verbreitet, im Lebenslauf Familienstand und Kinderzahl anzugeben – gleich ganz oben unter dem eigenen Namen und dem Geburtsort. Machen Sie sich klar, wie diese Informationen von vielen Verantwortlichen (mindestens in den alten Bundesländern) noch gewertet werden: Ein verheirateter Mann Mitte Dreißig mit zwei Kindern zeigt damit, dass er in geordneten Verhältnissen lebt, dass er einen Rückzugsraum hat, der ihm die nötige Kraft für Fährnisse des Berufslebens gibt. Das ist also bezogen auf nahezu jede Stelle ein Wettbewerbsvorteil. Wie es Thackeray einmal formuliert hat: Ein Mann ist erst ein richtiger Mensch, wenn er Familienvater ist.

Eine verheiratete Frau im selben Alter mit zwei Kindern muss dagegen damit rechnen, dass ihr dieselbe Angabe im Lebenslauf bereits zum Nachteil ausgelegt wird, denn (das wissen nicht nur männliche Entscheider) sie muss bei Erkrankung der Kinder deren Versorgung sichern. Schreibt eine junge Frau in ihren Lebenslauf gar „geschieden, zwei Kinder", dann trägt sie damit ihre Chancen in den Keller. Können Sie als Frau mit Mitte Vierzig dagegen auf zwei erwachsene Kinder *und* Berufserfahrung verweisen, erhöhen Sie Ihre Chancen auch gegenüber gleichaltrigen Männern, denn Sie sind offensichtlich in der Lage, mehrere Aufgaben gleichzeitig zu bewältigen.

Noch ein Feld, auf dem es auf Relevanz besonders ankommt: Gerade wer sich lange erfolglos beworben hat, führt das vielleicht auf zu geringe eigene

Qualifikation zurück[1]. **Längere Erfolglosigkeit führt dann zu Bewerbungen auf Stellen, für die man eigentlich überqualifiziert ist.** Das kann eine Strategie für den Wiedereinstieg sein, aber gerade hier gilt es, auf die Relevanz zu achten. Wer also Leiter einer Abteilung war und sich jetzt auf eine Sachbearbeitung bewirbt, der darf seine Erfolge als Abteilungsleiter nicht zum Höhepunkt seiner Bewerbung machen, sondern muss seine operativen Stärken (und Interessen!) in den Vordergrund rücken.

Wenn Sie innerhalb einer solchen Bewerbung alles anbieten, was Sie je gemacht haben, ob es passt oder nicht, und es Ihnen auch noch gelingt, damit Eindruck zu schinden, dann führt das wahrscheinlich dazu, dass Ihre Unterlagen wegen Überqualifizierung aussortiert werden! (Wir kommen auf die Abwärtsbewerbung im nächsten Abschnitt zurück.)

Das bereits erwähnte Zauberwort heißt Relevanz: Nur für die Stelle relevante Informationen sollten ihren Weg in Anschreiben und Lebenslauf finden und das in der entsprechenden Gewichtung, ausführlich gehe ich gleich darauf ein. Hier nur soviel als Anregung: Natürlich müssen Sie in Ihrem Lebenslauf Kindererziehungszeiten ohne zusätzliche Berufstätigkeit aufführen, um Lücken zu vermeiden. Ob jedoch die Information „geschieden" oder „alleinstehend" verbunden mit der Kinderzahl exponiert im Kopf des Lebenslaufs für eine Stelle wirklich relevant ist, oder ob damit die Zukunft dieser Kinder mittelbar gefährdet wird, das müssen Sie im Einzelfall entscheiden.

Die Abwärtsbewerbung oder Der Umweg zum Erfolg

Wer ein tatsächliches oder vermeintliches Handicap und sich lange vergeblich um eine Anstellung bemüht hat, der ist, wir sprachen schon darüber, unter Umständen bereit, sich „unter Wert" zu verkaufen, also eine Stelle anzunehmen, auf der seine Qualifikationen nicht in vollem Umfang gebraucht werden[2]. Es kann sinnvoll sein, über diese Flexibilität den Weg in ein Unternehmen zu finden, um sich dann z.B. später von einer Assistenten-Stelle

---

[1] Das kann, muss aber nicht der Grund sein. Oft sind es eben grundlegende Bewerbungsfehler.
[2] Empfänger von Arbeitslosengeld, insbesondere von Arbeitslosengeld II, sind sogar gesetzlich dazu verpflichtet, geringer qualifizierte und bezahlte Stellen zu akzeptieren.

auf eine frei werdende Referenten-Stelle zu bewerben. Das verlangt jedoch bei der Bewerbung viel Mut zur Relevanz, Sie müssen wirklich alles aus Ihrem Lebenslauf weglassen (oder optisch klein halten), was den Eindruck erwecken könnte, Sie seien stark überqualifiziert. Ein bisschen überqualifiziert ist gut, das verspricht kurze Einarbeitungszeiten und schnelle Entwicklungsfähigkeit. Stark überqualifiziert ist schlecht, man wird einem Bewerber, nicht ganz unberechtigt, unterstellen, die Tätigkeit würde ihn schnell frustrieren und er sich bei erster Gelegenheit wegbewerben.

Wenn Sie erfolgreich sind, und die geringerwertige Stelle bekommen, müssen Sie zum einen daran arbeiten, Ihre Qualifikation nicht zu verlieren, um nicht nach wenigen Jahren oder gar schon nach einigen Monaten keine Chance mehr auf eine höherqualifizierte Stelle zu haben. Zum anderen ist keine Stelle statisch, Sie können sie dehnen wie einen zu engen Schuh. Die sprichwörtliche Assistentin, die das Unternehmen faktisch leitet, während ihr Chef präsentiert und das hohe Gehalt dafür einstreicht, ist gar nicht so selten. Stellen und ihr faktischer Umfang sind sehr abhängig vom Inhaber. Aber natürlich liegt darin Konfliktpotenzial. Wenn Sie deutlich besser (qualifiziert) sind als Ihr Chef und sich nicht sehr gut unterordnen können, lässt sich ausrechnen, wie lange er Ihrer Stellenausdehnung wohlwollend gegenüber stehen wird. Wenn es dann zur Trennung käme, hätte Ihre ursprüngliche Flexibilität Ihnen einen zusätzlichen Erklärungsbedarf in den Lebenslauf geschoben: Schließlich wären Sie auf einer Stelle gescheitert, die angesichts Ihrer Qualifikation eigentlich kein Problem hätte darstellen dürfen.

Auch in einem solchen Fall wird es an Ihnen liegen, diesen Teil Ihres Lebens aus dem richtigen Winkel auszuleuchten (oder eben gerade nicht auszuleuchten sondern nur kurz zu streifen!).

Die Unterlagen

Welche Unterlagen sollte eine Bewerbung auf jeden Fall enthalten? Anschreiben und Lebenslauf mit Foto gehören in die Unterlagen. In den meisten Ländern braucht es kein Bild, ja, würde eine Bewerbung mit Bild sogar komisch wirken, nicht so in Deutschland, dazu gleich mehr. Schul-, Ausbildungs-, ggf. Studienzeugnisse und – soweit vorhanden – Arbeitszeugnisse gehören ebenfalls dazu. Allerdings beginnt hier unter Umständen schon das Aussortieren. Wer als 18jähriger nach seiner Ausbildung das Abschlusszeugnis der Realschule weglässt, begeht eine sträfliche Unterlassung, wer als 50jähriger sein Abiturzeugnis noch beilegt, macht sich – vielleicht – verdächtig, ein wenig vergangenheitsorientiert zu sein.

Wir gehen jetzt die Unterlagen der Reihe nach durch, stellen aber das Anschreiben nach hinten: Erst wenn wir alles andere beisammen haben, schließt das Anschreiben die Bewerbung ab.

Beginnen wir mit der Bewerbungsmappe.

Die Bewerbungsmappe oder Die äußere Form

> Nur oberflächliche Menschen urteilen nicht nach Äußerlichkeiten. Das wahre Geheimnis der Welt liegt im Sichtbaren, nicht im Unsichtbaren.
> (Oscar Wilde, *Das Bildnis des Dorian Gray*)

Sie werden wenige in Wildes Sinne oberflächliche Menschen in deutschen Unternehmen finden. Die äußere Erscheinung Ihrer Unterlagen optimieren Sie zunächst grundsätzlich damit, dass Sie nichts zweimal einsetzen. Zwar ist es teuer, Bewerbungsmappen nur einmal zu verwenden, Kopien jedes Mal neu zu machen und vor allem für jede Bewerbung ein neues Foto zu verwenden, das Geld ist jedoch gut investiert. Wem das nicht einleuchtet, dem hilft vielleicht ein wenig Aberglauben: Es könnte Unglück bringen, die Mappe aus einer abgelehnten Bewerbung noch einmal zu verschicken!

Noch bis in die siebziger Jahren des 20. Jahrhunderts bestand eine Bewerbung aus einem mehr oder weniger dicken Papierstapel, der in einen Umschlag gestopft und abgeschickt wurde. Dann gab es den Plastikschnellhefter, der nach und nach veredelt wurde, insbesondere indem man ihn auf über DIN A4 vergrößerte, mit dem Ergebnis, dass es eines Sonderformates für den Umschlag bedurfte. Heute gibt es neben hochwertigen Plastikmappen vor allem farbige Mappen aus Karton, in gedeckten Farben, Blau, Grün, Dunkelrot oder einfach nur Schwarz. Diese Kartonmappen sind meist als Flügelhefter gestaltet, haben also zwei Umschlagdeckel um die Mitte.

Immer öfter findet man in diese Kartonmappen eingeprägt das Wort „Bewerbung".

Eingeheftet wird mit einer Schiebeheftung, seltener mit Lochheftung, bei einigen Modellen finden sich in den Ecken Laschen, in die die einzelnen Blätter der Bewerbung nachgerade eingefädelt werden müssen.

Welche Mappe empfiehlt sich? Grundsätzlich könnte man sagen: Reine Geschmacksache, nehmen Sie, was Ihnen am besten gefällt. Aber! Die meisten dieser Mappen sind offensichtlich von Designern entwickelt, die nie als Personaler gearbeitet haben. Das Prinzip guten Designs „form follows function" wurde ignoriert. Versetzen wir uns in die Lage des Empfängers, so wie sich jeder Werber in den Umworbenen hineinversetzen sollte. Welchen Nutzen sollte die Mappe dem Empfänger bieten?

Die Mappe muss leicht zugänglich sein, eine Bewerbung muss innerhalb eines Stapels leicht wiederzufinden sein, die Mappe muss leicht auseinanderzunehmen und wieder zusammenzusetzen sein (oft werden Unterlagen herausgenommen, kopiert und an alle verteilt, die innerhalb des Unternehmens am Auswahlprozess beteiligt sind), die Mappe darf nicht zu empfindlich gegen Fingerabdrücke und andere „Umweltbelastungen" sein, denn sie geht oft durch viele Hände. Damit ist der Karton eigentlich schon aus dem Rennen.

Ich verlange im Rahmen meiner Bewerbungstrainings, dass jeder Teilnehmer mindestens eine echte Bewerbung mitbringt. Inzwischen sehe ich zu 75% diese Kartonhefter[1]. Sie nehmen in einem Stapel gut doppelt so viel Raum ein wie ein Plastikhefter. Da sie von außen nichts erkennen lassen und sich sehr ähnlich sehen, sind Bewerbungen schwer wiederzufinden. Um herauszufinden, wessen Mappe man vor sich hat, muss man oft beide Umschlagdeckel öffnen. Farbiger Karton ist empfindlich, die Ecken bilden zudem schnell Eselsohren.

---

[1] Wenn Seminarteilnehmer merken, dass meine Begeisterung ob dieser Mappen eher verhalten ist, verweisen sie vor allem in Kleinstädten darauf, der örtliche Schreibwarenhandel hätte gar nichts anderes mehr. Das ist aber in den Zeiten des Internets keine hochwertige Ausrede …

Wenn dann noch die Unterlagen durch Eck-Laschen festgehalten werden, ist die Mappe nicht zu gebrauchen. Denn kein Personaler, kein Unternehmensberater hat die Zeit, die Unterlagen nach dem Kopieren wieder hineinzufädeln.

Auch wenn es viele Ratgeber anders sehen: Die bestgeeigneten Mappen sind aus Plastik – mit einem gedoppelten Klarsichtdeckel (der also einen Einschub zulässt) und idealerweise einer Klemmheftung. Klemmheftung hat den Vorteil, dass man Unterlagen schnell herausnehmen, kopieren und wieder einheften kann. Der Nachteil bei diesem Ideal: Man bekommt meist nur einen gedoppelten Klarsichtdeckel *oder* eine Klemmheftung.

Warum überhaupt den doppelten Klarsichtdeckel? Einfache Antwort: Weil er ein Deckblatt über dem Anschreiben bzw. dem Lebenslauf zulässt. Ob man ein Deckblatt haben will oder nicht, ist wieder Sache des Geschmacks (und auf diesen Geschmack will ich Sie bringen). Wir werden immer wieder auf das Deckblatt und seine Vorteile zurückkommen, versuchen wir zunächst, die wichtigsten zusammenzufassen.

Das Deckblatt

Die weitaus meisten Bewerbungen werden inzwischen in den angesprochenen Karton-Mappen verpackt, die auf den ersten Blick tatsächlich eine gewisse Eleganz, oder sagen wir lieber Gediegenheit ausstrahlen. Und obwohl es kein Unternehmen gibt, dass für irgend einen Zweck Mappen verwendet, die man damit verwechseln könnte, findet man, wie auch schon gesagt, das Wort *Bewerbung*, zum Teil erhaben geprägt, auf dem Deckel der meisten dieser Mappen. Damit wird, wer die Mappen in der Hand hält, hundertfach mit diesem Wort förmlich angeschrien. So erst entsteht das Gefühl einer Bewerbungs*flut*. Die undurchsichtige Mappe hilft nur dem, der auch sonst zu den Zaghaften gehört. „Seid nicht feige, Leute, lasst mich hinter den Baum!", lautet seine Devise, und dort, hinter diesem Baum, trifft er sich mit all den anderen.

Welche Wirkung hat da eine leise, aber unüberhörbare Stimme dazwischen, die mutig sagt:„Schau her, hier bin ich, ich zeige mein Bild offen, und um mein Bild die Struktur meiner Bewerbung, Du brauchst die Bewerbung nicht aufzumachen und weißt schon, was Dich erwartet. Ich verschwende Deine Zeit nicht, in dem ich Dich nach mir suchen ließe. Es lohnt sich aber, wenn Du Dir die gewonnene Zeit für mich nimmst, bevor Du hinter den Bäumen nach den anderen suchst."

Denn auf dem Deckblatt kann man neben dem Bild den Bezug unterbringen, dazu die vollständige eigene Adresse und evtl. ein Inhaltsverzeichnis. In einem Bewerbungsratgeber las ich den Vorschlag, auf dem Deckblatt auch zwei, drei zentrale Sätze zur eigenen Person zu verlieren. Interessante Idee, wenn daraus eben nicht ein statement of motivation (siehe dort) oder ein Ersatz für das Anschreiben wird. Zu überlegen wäre, ob es einen Slogan gibt, der Ihre besondere Eignung für die jeweilige Stelle unterstreicht. Sie könnten auch das wesentliche Alleinstellungsmerkmal oder den wesentlichen Nutzen, den Ihr Wunsch-Arbeitgeber von Ihrer Einstellung hätte, nach vorne stellen[1].

Zeugnisse

Zeugnisse werden gewöhnlich in zwei Kategorien unterteilt: Schul- bzw. Ausbildungszeugnisse und Arbeitszeugnisse. Erstere sind in der Regel an den Noten zu erkennen, letztere enthalten Prosa. Sie bilden den Abschluss innerhalb der Bewerbungsmappe, wobei es wiederum Geschmacksache ist, welche Kategorie man nach vorne, welche nach hinten legt. In sich sollten sie chronologisch geordnet sein (auf- oder absteigend).

Aber welche Zeugnisse sollten überhaupt dabei sein? Grundsätzlich alle vorhandenen Arbeitszeugnisse. Allerdings dürfen Praktikumszeugnisse oder auch Zeugnisse über studentische Nebentätigkeiten umso mehr weggelassen werden, je weiter sie im Laufe eines Lebens im Nebel der Vergangenheit bedeutungslos werden. Wer drei oder vier Arbeitszeugnisse neueren Datums

---

[1] Das ist jedoch schon die Kür, nur wer fest davon überzeugt ist, die Pflicht zu beherrschen, sollte sich daran wagen. Das Risiko, unfreiwillig Komisches oder sehr Banales zu erzeugen, ist relativ groß. Auch besteht die Gefahr, die schönsten Raketen aus Ihrem Feuerwerk vorab einzeln abzufeuern und dann den großen Rest mickrig aussehen zu lassen.

sein Eigen nennt, kann jedenfalls darauf verzichten. Wer ein Abschlusszeugnis hat, sollte ein Zwischenzeugnis aus derselben Tätigkeit nur noch dann beilegen, wenn sich das Abschlusszeugnis eindeutig auf das Zwischenzeugnis bezieht oder letzteres z.B. ein einzelnes erfolgreich abgeschlossenes Projekt besonders würdigt.

Auch das Zeugnis über das Vordiplom kann getrost aus der Bewerbung nehmen, wer das Diplomzeugnis in Händen hält – wenn nicht im Vordiplom zusätzliche Fächer oder Kurse bescheinigt werden, die für die Stelle relevant sind oder sein können[1]. Es gibt allerdings noch einen Grund, mehrere Zeugnisse aus dem Verlauf einer Tätigkeit oder einer Ausbildung beizulegen: Wenn man eine für die Stelle wichtige Entwicklung zeigen will.

Was aber, wenn ein Zeugnis darunter ist, dass – vorsichtig formuliert – etwas unansehnlich ist? Nun, bei den Schul- und Ausbildungszeugnissen ist das relativ einfach: Ist es ein Zeugnis, nach dem es noch ein besseres gibt, kann man das ältere entweder weglassen oder anhand des jüngeren Zeugnisses zeigen, wie viel besser man inzwischen geworden ist. Handelt es sich jedoch um das jüngste Zeugnis, muss man sich darauf vorbereiten, die mäßigen Noten im Vorstellungsgespräch schlüssig zu erklären:„Ich bin kein Schultyp, mir liegen die praktischen Dinge mehr" oder „ich hatte an dem Tag 50 Grad Fieber", letztlich bieten sich all die feinen Ausreden an, die in der Schule auch schon immer locker saßen – allerdings ist auch hier Authentizität alles, Ausreden *ohne Hintergrund* sollte man sein lassen.

Wie aber sieht es mit fehlenden oder schlechten Arbeitszeugnissen aus? Fehlende Arbeitszeugnisse sollte man beim Arbeitgeber einfordern. Noch lange Jahre nach Ende des Anstellungsverhältnisses haben Sie ein Anrecht darauf, mit den Jahren schwindet jedoch die Wahrscheinlichkeit, dass noch jemand da ist, der Sie und Ihre Leistung realistisch beurteilen kann. Wenn Sie mit einem vorhandenen Zeugnis jedoch nicht zufrieden sind, dann müssen Sie eine Korrektur nach einem Urteil des Landesarbeitsgerichtes in Köln spätestens innerhalb eines Jahres nach Ausstellung fordern.

---

[1] Auch ein einzelner Seminarschein oder eine Weiterbildungsbescheinigung sollten Sie jedenfalls beilegen, wenn dadurch eine geforderte Kompetenz sozusagen „von Dritten" attestiert wird.

Wirklich schlechte Beurteilungen in Arbeitszeugnissen sind in Deutschland jedoch kaum möglich, denn innerhalb der Vorgabe, dass Zeugnisse *wahr und wohlwollend* sein sollen, hat das Wohlwollen den mehr oder weniger einklagbaren Vorrang, was – auch das wissen die meisten Arbeitgeber – immer zu Lasten der Wahrheit geht. Das bedeutet auch, dass schlechte Zeugnisse schwer zu identifizieren sind. Es gibt, z.B. seitens der Gewerkschaften, diverse Publikationen über versteckte Negativ-Beurteilungen, Formulierungen, die angeblich auf Trunksucht, Schlechtleistung, Geschwätzigkeit hinweisen. Einige dieser Formulierungen sind zum Allgemeingut geworden. So weiß inzwischen jeder, dass „war stets bemüht, den Anforderungen gerecht zu werden" offensichtlich die Umschreibung völliger Unfähigkeit ist. *Offensichtlich* ist hier auch der Grund, warum solche Formulierungen kaum noch den Weg in ein Zeugnis finden – sie würden keinem Gerichtsverfahren standhalten.

Ich habe einige zigtausend Zeugnisse gelesen und bin selten über Formulierungen gestolpert, die eine Negativ-Beurteilung vermuten ließen. Wenn doch, standen sie meist im Gegensatz zum Gesamttenor des Zeugnisses, konnten also nur bei sehr bösem Willen als gezielt abwertend interpretiert werden. Es wäre ja wenig sinnvoll, eine Negativ-Botschaft in einem Zeugnis unterbringen zu wollen, nur um am Ende des Zeugnisses ausdrückliches Bedauern über den Weggang des Mitarbeiters zu äußern.

Die Verschwörungstheoretiker, für die Zeugnis-Codes ein willkommenes Feld sind, ignorieren, dass es immer zwei braucht, mittels eines Codes zu kommunizieren: Einen, der codiert und einen anderen, der decodiert. Beide brauchen dazu den gleichen einheitlichen Schlüssel. Den aber gibt es nicht. Es gibt (vielleicht) viele Schlüssel und damit sind die tatsächlichen oder vermuteten Geheimbotschaften so geheim, dass sie auf Dauer geheim bleiben. Natürlich werden häufig die Gerichte aufgefordert, angeblich verschlüsselte Texte zu entschlüsseln und den Ex-Arbeitgeber zu zwingen, eine gesäuberte Formulierung zu verwenden, und natürlich immer eine positive. Bekanntes und beliebtes Beispiel ist die „vollste" Zufriedenheit, sie ist so logisch wie ein „vollstes" Glas.

Klein ist die Zahl derer, die angesichts der genannten gesetzlichen Vorgaben, der überall herumlaufenden Verschwörungstheoretiker und der von diesen ausgelösten ständigen gerichtlichen Überprüfung überhaupt noch in der Lage sind, ein wahres und sprachlich gelungenes Zeugnis zu schreiben[1]. Man weiß bei einem schlechten Zeugnis also nie: Soll hier jemand schlecht beurteilt werden, oder ist es nur das verzweifelte Bemühen des Beurteilenden im Spagat zwischen Wahrheit und Wohlwollen?

Einzelne Zeugnisse haben damit kaum noch einen Wert. Zeugnisse erhalten eine gewisse Bedeutung in der Gesamtschau der Beurteilungen verschiedener Arbeitgeber. Der Tenor, der sich aus der Abfolge vieler Zeugnisse herauslesen lässt (oder auch nicht), kann eine vage Vorstellung über den Bewerber vermitteln, mehr auch nicht.

Und jetzt zu den vielleicht wichtigsten Elementen einer Bewerbung. Ich denke, es ist wenig überraschend, dass das Foto weit oben auf der Liste steht. Ihm vorgeschaltet ist jedoch eine andere, die olfaktorische (= Geruchs-) Qualität der Bewerbung. Sie spricht ein archaischeres Sinnesorgan an als das Auge, die Nase nämlich. Es wird regelmäßig unterschätzt, welchen Einfluss sie auf Erfolg oder Misserfolg einer Bewerbung hat.

Der Geruch der Bewerbung
>Ich hasse es, mit dem Geruch von Schweißfüßen an den
>Händen einzuschlafen.
>(Al Bundy)

Bewerbungen, die stark riechen, mindern Ihre Erfolgsaussichten. Der eine oder andere wird sich fragen, wie denn Bewerbungen Geruch entwickeln können, wenn man in Mappe oder Briefumschlag nicht vorher Salami transportiert hat.

---

[1] Es wird Sie nicht wundern, dass auch Vorlagen für Arbeitszeugnisse inzwischen aus dem Internet heruntergeladen werden können. Namen und Geburtsdatum des Mitarbeiters einsetzen, ein wenig anpassen, fertig ist die nächste Sammlung von Textbausteinen für die Bewerbungsmappe, die sich dort hervorragend mit den Textbausteinen aus Anschreiben und vielleicht dem Lebenslauf verträgt. Gegen diese Sammlung aus Versatzstücken war Frankensteins Monster eine Schönheit.

Ich habe in meinem Leben ungezählte riechende Bewerbungen bekommen, in einigen Fällen war es Parfum (die meisten davon wohl eher unbeabsichtigt eingeduftet), manchmal rochen sie feucht oder muffig, die große Mehrheit roch, wenn sie denn roch, nach Rauch. Viele Raucher sind sich nicht darüber klar, dass Papier Rauch auf- und mitnimmt[1]. Und wenn dem Leser der schale Rauchgeruch in die Nase steigt, führt das mindestens bei Nichtrauchern zu einer olfaktorischen Irritation, die schnell alle Aussichten auf Erfolg – verzeihen Sie mir diesen Kalauer – in Rauch aufgehen lässt[2].

Das gilt im gleichen Umfang für das Bewerbungsgespräch. Gerade der nervöse Raucher, der schnell noch eine Zigarette durchzieht, verbreitet anschließend einen besonders intensiven und sehr unangenehmen Rauchgeruch, ohne sich dessen bewusst zu sein. Da Raucher in deutschen Firmen zunehmend als pausenanfällig und gesundheitlich besonders labil gelten, kann Rauchen inzwischen als ein wesentliches Einstellungshindernis betrachtet werden, man sollte dieses Laster also nicht bereits durch die Bewerbungsunterlagen anzeigen.

Das Foto

> Die unterhaltendste Fläche auf der Erde für uns ist die vom menschlichen Gesicht.
> (Georg Christoph Lichtenberg, *Sudelbücher*)

Das wesentliche Element der Bewerbung in Deutschland ist das Bewerbungsfoto. Die folgenden Fehler werden heute kaum noch gemacht, dennoch sollten sie der Vollständigkeit halber erwähnt sein: keine Automatenfotos, keine privaten Fotos, keine künstlerischen Portraits jenseits der typischen Bewerbungsfotogröße (etwas größer als ein Passbild). Das Foto als eingescanntes Hintergrundbild zu allen schriftlichen Unterlagen (so dass Sie den Leser in Lebensgröße ständig aus einer Perspektive hinter dem Text anstarren) war innovativ, als die Möglichkeit neu war, aber das liegt über zehn

---

[1] Plastikmappen sind da weniger gefährdet als Kartonhefter...
[2] Riechen und Rauchen haben dieselbe Wurzel, etwas riechen hieß ursprünglich etwas rauchen, etwas säuern, die Bedeutung der Geruchs*wahrnehmung* entwickelte sich erst später. Rauchgeruch löst zudem bei allen Lebewesen Fluchtreflexe aus, auch das sollte man wissen.

Jahre zurück. Generell sind eingescannte Fotos natürlich möglich, aber nur, wenn Ihre Vorlage sowie Drucker und Papier entsprechend hochwertige Ergebnisse hervorbringen. Schwarz-Weiß-Fotos sind dann zulässig (und unter Umständen sogar zu bevorzugen), wenn sie Sie besser ins Licht setzen. Damit transportieren Sie zugleich einen bestimmten Stil, der Ihnen auch entsprechen muss. Es ist inzwischen gut belegt, dass das Bewerbungsfoto einen erheblichen Einfluss auf die Bewerberauswahl hat, vor allem wenn die Zahl der Bewerbungen groß ist.

Machen Sie sich klar, dass Bewerbungen in irgendeinem Vorzimmer aus der Hülle geholt und zum ersten Mal betrachtet werden. Die Sekretärin legt sie ihrem Chef vor und sagt:„Schauen Sie sich mal den da an, Krawatte binden kann er nicht." oder „Die sieht ja aus, als ob sie der Sturm geföhnt hätte.", und schon sind Chancen dahin. Das Foto entscheidet.

Forscher aus Bremen und Mannheim haben nachgewiesen, dass anhand des Fotos darüber entschieden wird, ob eine Bewerber*in* eher kompetent wirkt oder nicht. Dieselben Frauen wurden als kompetenter eingestuft, wenn sie auf dem Passbild die Haare nach hinten zusammengebunden hatten, also weniger feminin wirkten. Die äußere Erscheinung, die sich in erster Linie im Foto zeigt, wird also zur Grundlage inhaltlicher Entscheidungen. Nun hat es wenig Sinn, sich allen Stereotypen zu beugen und diese damit auf Dauer am Leben zu erhalten, umgekehrt muss man nicht meinen, allein gegen den Rest die Welt verändern zu können.

Wir alle haben bestimmte Selbst-Bilder im Kopf, versuchen Sie einen Fotografen dazu zu bringen, dieses Bild in ein Bewerbungsfoto zu übersetzen. Nicht das breiteste Lachen ist angesagt, sondern ein selbstbewusstes Lächeln. Schwierig? Suchen Sie sich einen guten Fotografen und lassen Sie das Ergebnis durch Menschen prüfen, die Sie kennen. Scheuen Sie sich nicht, neue Bilder zu verlangen, wenn das Ergebnis Sie nicht von Ihrer optimalen Seite zeigt. Man kann den Wert guter Bilder für eine Bewerbung nicht überschätzen.

Oft wird gefragt, an welcher Stelle das Foto zu platzieren sei. Die häufigste Variante ist sicher die rechte obere Ecke des Lebenslaufs. In einigen

Mappen gibt es einen eigenen Platz für das Foto. Und dann gibt es die Schlauen: die haben eine Bewerbungsmappe, deren Deckel transparent ist. Diese Bewerbungsmappe enthält ein Deckblatt. Außer der eigenen Adresse und evtl. einem kleinen Inhaltsverzeichnis trägt dieses Deckblatt auch das Foto. Wetten wir, dass diese Schlaumeier ihrer Bewerbung in einem großen Stapel einen nicht zu unterschätzenden Startvorteil verschaffen?

So viel Äußerlichkeit schmerzt? Dafür haben Sie nicht so lange gelernt? Nun, um zeigen zu können, was wir gelernt haben, müssen wir zunächst die physischen Zäune und die chemischen Hürden überwinden. Wir sind Augenwesen und unsere Fähigkeit, Freund und Feind an Äußerlichkeiten unterscheiden zu können, hat uns immerhin in der Evolution so weit gebracht, wie wir heute sind[1].

Der Lebenslauf

> Die meisten Menschen sind im Grundverhältnis zu sich selbst Erzähler. Sie lieben nicht die Lyrik, oder nur für Augenblicke, und wenn in den Faden des Lebens auch ein wenig "weil" und "damit" hineingeknüpft wird, so verabscheuen sie doch alle Besinnung, die darüber hinausgreift: sie lieben das ordentliche Nacheinander von Tatsachen, weil es einer Notwendigkeit gleichsieht, und fühlen sich durch den Eindruck, dass ihr Leben einen "Lauf" habe, irgendwie im Chaos geborgen.
> (Robert Musil, *Der Mann ohne Eigenschaften*)

Der Lebenslauf, Amerikaner und Lateinschüler sprechen auch vom Curriculum Vitae (also nicht „Vita", wie man immer wieder lesen muss), abgekürzt CV, ist das Herz jeder Bewerbung. Es gibt verschiedene Möglichkeiten, den Lebenslauf aufzubauen. Der rein chronologische Lebenslauf, der sich also nur an Kalenderdaten orientiert, mit der Geburt beginnt und der aktuellen Situation endet, und alle Stationen chronologisch dazwischen, als ob darin eine höhere Logik läge, ist passé. Daten müssen nur auf den Monat genau bestimmt werden (in manchen Fällen reichen die Jahre), Lückenlosigkeit auf den Tag genau wirkt altmodisch und zwanghaft. Am einfachsten zu organisieren und relativ leicht nachvollziehbar ist ein kombiniert chronolo-

---

[1] Manche meinen, das sei nicht sehr weit, aber das ist eine andere Diskussion.

gisch/thematischer Aufbau, beginnend mit ein paar „Stammdaten" (Geburt, wann, wo[1]), Ausbildung, beruflicher Werdegang, Weiterbildungen, besonders hervorzuhebende Projekte und Leistungen, Veröffentlichungen[2] sowie am Ende ggf. sonstige relevante Themen. Dazu können Hobbies gehören, nirgendwo sonst erwähnte Kenntnisse oder Sprachen. Ein Lebenslauf kann weitere Angaben enthalten, die für die Stelle und die Übereinstimmung Ihrer Kenntnisse und Erfahrungen mit den Anforderungen relevant sind[3].

Über Fremd- und Muttersprachen

Sprache ist der Träger unserer Bewerbung. Wer eine Bewerbung erstellt, sollte – ich hatte es erwähnt – Sorge tragen, dass sie frei von orthographischen, grammatischen und stilistischen Fehlern ist. Wer sich in einer Sprache bewirbt, die nicht seine Muttersprache ist oder wer die Bewerbungssprache nicht sicher beherrscht, der sollte seine Bewerbung korrigieren lassen – von einem sprachsicheren Muttersprachler. Ein Beispiel: Auch Ausländer, die sehr gut Deutsch sprechen, machen Fehler beim Artikel. Nicht schlimm und im Gespräch leicht zu überhören. Im geschriebenen Text jedoch fällt ein solcher Fehler sofort auf, er bekommt ein unnötiges Gewicht, stört den Gesamteindruck. Es erhöhte auch nicht die von mir überall geforderte Authentizität, wollte man solche Fehler stehen lassen. Die durch eine Korrektur entstehende Lücke zwischen tatsächlicher und dargestellter Sprachbeherrschung zeigt sich natürlich im Vorstellungsgespräch (das gesprochene Wort verlangt jedoch viel weniger Genauigkeit und wird zudem in der Regel besser beherrscht als die Schriftsprache). Wie also vermeide ich

---

[1] Sehr häufig findet man im Kopf eines Lebenslauf auch den Familienstand, die Kinderzahl, die Konfession. All das sind Daten, die ein Arbeitgeber natürlich früher oder später braucht, schließlich entscheiden diese über die Versteuerung der Bezüge. Ob sie so zusammengefasst in den Lebenslauf gehören, hängt jedoch von ihrer Relevanz bzw. unter Umständen von ihrer „Schädlichkeit" ab. Siehe dazu „Informationen gegen den Erfolg oder vom Zauber der Relevanz".

[2] Im wissenschaftlichen Umfeld oder bei einer sehr großen Zahl an Veröffentlichungen empfiehlt es sich, darüber eine eigene Liste beizulegen, auch hier geht Relevanz vor Vollständigkeit, wenn letztere nicht ausdrücklich gefordert ist.

[3] Je nach Ausbildung werden bestimmte Kenntnisse inzwischen einfach vorausgesetzt, auch wenn sie in einer Stellenausschreibung nicht erwähnt sind. So sind für akademische Berufe Englisch und Anwenderkenntnisse des Computers Pflicht.

den Eindruck der Täuschung? Ganz einfach, indem ich im Lebenslauf meine Sprachen aufführe und den Grad, in dem ich sie beherrsche. Da ist es natürlich schön, wenn es objektive Hinweise gibt: Wer als Ausländer ein deutsches Studium oder als Deutscher ein Studium im Ausland mit Erfolg absolviert hat, dem glaubt man, Artikelfehler oder nicht, dass er die jeweilige Sprache hinreichend beherrscht, um auch in komplexen Situationen zurechtzukommen. Eine Darstellung könnte dann z.B. so aussehen: Deutsch: verhandlungssicher, Russisch: Muttersprache, Englisch: gute Kenntnisse in Wort und Schrift, Französisch: Grundkenntnisse.

Wer über Fremdsprachen verfügt, das hat sich herumgesprochen, erhöht seine Chancen am Arbeitsmarkt. Das kann dazu verführen, die im letzten Urlaub erworbenen Speisekarten- als Grundkenntnisse zu verkaufen. Darum hier einmal der Versuch, die Maßstäbe zu eichen: Muttersprache heißt, eine Sprache von Kindesbeinen auf gelernt zu haben (das können bei verschiedensprachigen Eltern durchaus auch zwei oder mehr Sprachen sein). „Verhandlungssicher" heißt, eine Sprache so gut zu beherrschen, dass man auch Nuancen verstehen und ausdrücken kann. „Gute Kenntnisse in Wort und Schrift" bezeichnet Alltagstauglichkeit, man kann in dieser Sprache z.B. an einer Konferenz teilnehmen und einen Brief schreiben, der vielleicht nicht fehlerfrei aber unmissverständlich ist. Und „Grundkenntnisse" bedeutet, dass man auf diesen Kenntnissen aufbauend eine Sprache in wenigen Monaten für die beruflichen Zwecke gebrauchsfähig machen kann (Grundkenntnisse einer Sprache erwirbt man in der Regel in etwa zwei Jahren regelmäßigen Schulunterrichts).

Die Lebenslauf-Chronologie in Deutschland entwickelt sich bisher meist aufsteigend, also vom am weitesten zurückliegenden Datum zur Aktualität. Lebensläufe im angloamerikanischen Kulturkreis dagegen beginnen mit dem aktuellen Datum und werden in die Vergangenheit fortgeschrieben, also absteigend dargestellt. Für beides gibt es gute Argumente.

Und auch in Deutschland lassen sich Lebensläufe anders als einfach aufsteigend entwickeln. So kann man z.B. die Chronologie der Themenblöcke umdrehen (Berufstätigkeit vor Ausbildung), aber innerhalb der Themenblöcke die klassische Chronologie nutzen. Also: Stammdaten, Berufliche Tätigkeiten, Studium und Praktika[1], Schulische Ausbildung, außerberufliche Aktivitäten etc.

Muss ein Lebenslauf unterschrieben sein? Das wird heute nicht mehr ganz so eng gesehen wie früher, Sie machen jedoch nichts falsch, wenn Sie ihn unterschreiben, werden klassischen Erwartungen gerecht, ohne innovative Geister zu irritieren.

In einem Satz: Der Lebenslauf *darf* individuell gestaltet sein – er *muss* leicht nachvollziehbar sein. Gerade wenn die chronologische Anordnung die thematische völlig zerreißen würde (z.B. weil berufliche Tätigkeiten mehrfach durch Familienphasen unterbrochen wurden), dann muss eine Darstellung nach Themen oder Kompetenzfeldern gewählt werden, die es dem Leser erlaubt, diese Kompetenzen leicht nachzuvollziehen. Im Lebenslauf gilt der Werbespruch des Focus: „Fakten, Fakten, Fakten und an den Leser denken."

Auch in den Lebenslauf gehören (nur) für die angestrebte Tätigkeit *relevante* Angaben. Stellen Sie sich die Bewerbung wie eine Waage vor: auf der einen Seite das Unternehmen mit der Stellenanzeige und den darin abgebildeten Forderungen (oder das vermutete Profil einer Stelle bei Initiativbewerbungen), auf der anderen Seite Sie mit Ihrem Hintergrund und dem daraus sich ergebenden Angebot. Jeder weiß, dass man bei einer Bewerbung für zu leicht befunden werden kann. Denken Sie daran, dass Sie auch für zu schwer befunden werden können: irrelevante Informationen werden schnell zum Ballast für die Bewerbung.

In der Bewerbung eines Erwachsenen haben die nichts zu suchen, die in der Regel in seinem Leben auch sonst nur noch eine nachgeordnete Rolle spielen: die Eltern und deren Beruf, die Geschwister und deren Ausbildung. Ebenfalls nicht von Belang: die Religion – Ausnahme: wenn Sie sich bei einem Tendenzbetrieb bewerben, einem konfessionell gebundenen Krankenhaus, einer kirchlichen Hilfsorganisation o.ä. Auch sonstige weltan-

---

[1] Ja, wirklich, die Mehrzahl von Praktikum lautet Praktika, nicht „Praktikas", wie leider – vorsichtig geschätzt – 9 von 10 Bewerbern meinen.

schauliche Bekenntnisse erübrigen sich in der Regel, Ausnahmen wie gerade angesprochen.

Wir hatten bereits über den verbreiteten Irrtum gesprochen, man sei immer der oder die selbe. Entsprechend ist es auch ein Irrtum, zu glauben, *ein* Lebenslauf sei für alle Anlässe geeignet. Je älter Sie werden und je länger Ihr Lebenslauf wird, umso komplexer werden im Zweifel die Stellen, auf die Sie sich bewerben können und umso mehr müssen Sie Ihren Lebenslauf auf die jeweils relevanten Daten trimmen. Das bedeutet unter Umständen nur, ihn umzustellen, einem bestimmten Datum, einem bestimmten Stichwort eine Erläuterung anzugliedern, mehr Gewicht auf eine bestimmte Fortbildung oder ein besonders herausragendes Projekt zu legen.

Betrachten Sie Ihr Leben als einen großen dunklen Raum[1]. Sie haben keine Möglichkeit, den ganzen Raum in gleißendes Licht zu tauchen, es wäre für den Betrachter auch verwirrend. Sie sollten es bei drei bis maximal fünf Scheinwerfern belassen, der Rest rückt dadurch oft noch weiter in den Schatten. Das ist nicht schlimm. Denn einerseits müssen Sie Ihrem Leser natürlich einen Überblick über Ihr Leben geben, seinen Blick auf die für ihn interessantesten Punkte lenken. Andererseits soll Ihr Leser ahnen, dass sich da noch mehr verbirgt im Hintergrund, er soll neugierig werden auf Sie, seine eigenen Scheinwerfer auf Ecken richten wollen, die ihn besonders interessieren. Und dazu muss er Sie zum Gespräch einladen.

Eine gute Gelegenheit, um einen weiteren Irrtum (noch einmal) anzusprechen: Viele Bewerber meinen, sie müssten ein Höchstmaß an Informationen loswerden, ganz so, als sei der Austausch zwischen ihnen und dem Unternehmen mit der schriftlichen Bewerbung auch schon wieder beendet, als sei dies nicht nur die Ouvertüre, die ihre Fortsetzung im Auswahlverfahren finden soll.

Denken Sie immer daran, in der ersten Phase geht es nur darum, Menge und Komplexität zu reduzieren. Mehr als zwei Seiten aus einem Leben sind

---

[1] Das gilt natürlich in erster Linie für den Außenstehenden, aber Sie werden, wenn Sie Ihren Lebenslauf schreiben, feststellen, wie viele Ecken dieses Raums auch für Sie im Dunkeln liegen.

für einen Fremden, der nur wenig Zeit hat, selten spannend. Wer in der kürzesten Zeit das meiste Interesse weckt, kommt in die nächste Runde.

Unterlagen, die nicht in eine Bewerbung gehören
Verschicken Sie keine Originale. Auch beglaubigte Kopien oder ein polizeiliches Führungszeugnis sind keine Standardunterlagen. Sie werden in der Regel in einem behördlichen Umfeld, bei der Niederlassung als Arzt oder bei Banken gebraucht, und es wird bei Bedarf in der Stellenanzeige darauf hingewiesen.

Handschriftliche Bewerbungen und Handschriftenproben
Als es noch keine flächendeckende Versorgung mit Schreibmaschinen geschweige denn einen Computer gab, da waren handschriftliche Bewerbungen üblich, mit all den Nachteilen, die das für die Lesbarkeit hatte (allerdings war die Gefahr ausfernder Mitteilsamkeit auch deutlich geringer). Warum wird auch heute immer wieder ein handschriftlicher Lebenslauf angefordert? Will sich, will Sie da jemand quälen? Nein, ein handschriftlicher Lebenslauf bildet die Grundlage für ein graphologisches Gutachten. Überzeugt davon, dass sich in der Handschrift der Charakter des Schreibenden offenbart, fahndet ein Graphologe im Auftrag des Unternehmens nach den Unbeherrschtheiten in den Unterlängen Ihrer Buchstaben und nach den Mängeln in Ihrem Selbstbewusstsein, die er vielleicht aus einer Linksneigung Ihrer Handschrift liest. Die Graphologie ist möglicherweise etwas exakter als die Astrologie, dennoch muss natürlich jeder selbst entscheiden, ob er in einem Unternehmen arbeiten will, in dem so wichtige Entscheidungen wie die Einstellung eines neuen Mitarbeiters von Handschriftenproben abhängen.

Referenzen
In manchen Anzeigen werden Sie aufgefordert, Referenzen anzugeben. Das bedeutet, dass Sie Menschen benennen sollen, die über Sie Auskunft erteilen

können – und auch wollen. Vergessen Sie also nicht, *vorher* mit allen zu sprechen, die Sie benennen. Informieren Sie sie umfassend, auch über die Stelle, um die Sie sich bewerben. Als Referenzen eignen sich in der Regel ehemalige (Hochschul)lehrer, Chefs und Arbeitskollegen – Sie sollten allerdings auch das Vertrauen in sie haben, dass sie in der Lage und willens sind, ein positives Licht auf Sie zu werfen, ohne dass dabei der Eindruck der Befangenheit entsteht. Sinnlos ist es, sich auf Personen zu beziehen, denen man von vorneherein Parteilichkeit unterstellen würde, dazu gehören zum Beispiel die eigenen Eltern.

Fremdsprachige Unterlagen
Englische Texte müssen in der Regel nicht übersetzt werden. Generell sollten Sie Texte übersetzen, wenn es sich nicht um Sprachen handelt, die in der Stellenanzeige gefordert sind oder wenn solche Sprachen in der Stellenanzeige gefordert sind, gerade weil sie bisher im Unternehmen nicht vertreten sind. Zeugnisse und sonstige Unterlagen sollten Sie durch ein entsprechend zertifiziertes Übersetzungsbüro übersetzen lassen. Denken Sie daran, einen Hinweis auf die kulturelle Unterschiede einzubauen, wenn zum Beispiel die Notenskala umgekehrt zur deutschen verläuft (wie z.B. in der Schweiz) oder einer gänzlich anderen Logik folgt.

Papier, Schriften und andere Äußerlichkeiten
> Wenn die Menschen auf Staatsangelegenheiten, Politik und auch auf ihre eigenen Geschäfte so viel Denken, Sorge, Erwägung verwenden würden, wie sie darauf verschwenden, was sie zu einem Maskenball anziehen wollen, dann liefe die Welt in gutgeölten Gleisen.
> (John Steinbeck, *Wonniger Donnerstag*)

Man kann es auf folgende Formel bringen: Auch die ansprechendste Verpackung wird keinen Erfolg bringen, wenn der Inhalt drittklassig ist. Aber ein erstklassiger Inhalt kann durch eine hässliche Verpackung entwertet werden, evtl. wird er gar nicht mehr wahrgenommen. Und ein zweitklassiger Inhalt gewinnt durch eine hochwertige Verpackung an Glanz. Der Übergang zwischen Verpackung und Inhalt ist fließend. Ein unübersichtlicher Lebenslauf lässt den Leser sehr schnell an den darstellenden Fertigkeiten des Bewerbers zweifeln. Überzeugend präsentieren zu können, ist jedoch heute in fast jedem Beruf eine Voraussetzung für Erfolg.

Also Äußerlichkeiten: Das Papier. Es sollte 80 bis 100 gr/qm haben, alles darunter (oder darüber!) wirkt sich negativ auf die Handhabbarkeit aus[1]. Umweltpapier nur dort, wo sie damit punkten können bzw. wo das bekanntermaßen üblich ist, sonst nicht. Eine häufige Frage in Bewerbungstrainings ist die Frage nach der Papierfarbe, ich antworte dann immer in Abwandlung des bekannten Credos von Henry Ford, dass Autos schwarz zu sein hätten: „Jede Farbe, die Sie wollen, Hauptsache sie ist weiß!" Zwar lehrt das Direktmarketing, dass die beste Lesbarkeit durch schwarze Buchstaben auf gelbem Grund erreicht wird – aber der Gewinn ist nicht so groß, dass man für Bewerbungen postfarbenes Papier einsetzen müsste.

Sicher gibt es gute Gründe für farbiges Papier in Bewerbungen – ich habe nur noch keinen überzeugenden kennen gelernt, oder anders formuliert: Die Farbigkeit sollte in der Bewerbung stecken, nicht im Papier. Ach ja, fast vergessen: Eine Zeitlang war es üblich, jedes einzelne Blatt, jede einzelne Kopie in eine Plastikhülle zu stecken, so dass das Ganze am Ende wirkte, als wollte man die Unterlagen vor den schmutzigen Fingern der Empfänger schützen. Überflüssig, wir hatten uns ja darauf geeinigt, alle Unterlagen nur einmal zu verwenden.

Ich habe mich oben despektierlich über die Handschriftenproben geäußert. Wenn man allerdings sieht, was manche Bewerber mit den vielen Schriften anstellen, die jedes Textverarbeitungsprogramm bietet, dann sehnt man sich zurück nach den guten alten Tagen der *einen* Handschrift, und sei sie noch so unleserlich gewesen.

Schrift sollte den Text lesbar machen. Warum der Lektor diesen Allgemeinplatz nicht gestrichen hat? Weil es leider keiner ist. Wer Anschreiben gesehen hat, die drei verschiedene Schriften enthalten, in bis zu fünf unter-

---

[1] Kürzlich las ich eine Empfehlung, 120-150 gr/qm zu verwenden. In dieser Stärke wird Papier schon steif und wehrt sich gegen das bequeme Blättern, ich kenne keinen Grund für ein solches Papiergewicht, sieht man von Arbeitsproben (Fotos etc.) einmal ab.

schiedlichen Schriftgrößen, der weiß, wovon ich spreche. Also bitte: Eine Schrift und zwar durchgängig. Nicht zu viele verschiedene Schriftgrößen, Standard sollte eine 11- oder 12-Punkt-Schrift sein. Die Schriftschnitte **fett** und *kursiv* sollten sehr sparsam und vor allem überlegt verwendet werden. Sie sprechen ja auch nicht jeden zweiten Satz mit Ausrufezeichen.

Wenn man eine andere Schriftgröße verwendet, sollte diese mindestens zwei Punkte von der Standardgröße wegliegen. Bei geringeren Unterschieden erkennt der Leser zwar eine Veränderung, sie wirkt jedoch nur unordentlich und irritiert ihn.

Soweit die Pflicht, jetzt zur Kür: Die meisten größeren Firmen geben sich eine Corporate Identity, kurz CI. Bücher vom Umfang eines mittleren Konversationslexikons legen fest, welche Schriften, Bilder, Formulierungen in welchem Zusammenhang zu gebrauchen sind. Diese CI hat Gesetzeskraft im Unternehmen, Verstöße werden oft unnachsichtig geahndet. Diese künstliche Identität erleichtert die Wiedererkennung der Firma und ihrer Produkte am Markt, sie sorgt nach innen auch für einen gewissen Zusammenhalt, der vor allem bei großen Unternehmen ständig gefährdet ist. Sie können Ihre Chancen ein wenig erhöhen, wenn Sie für Ihre Bewerbung eine Schrift verwenden, die in der gleichen Klasse liegt, wie die des Ausschreibenden, Sie bedienen damit *vielleicht* seine Lesegewohnheiten.

Nein, fangen Sie jetzt nicht an, nach Schriften zu fahnden und sie gegen Anzeigenschriften zu vergleichen. Schauen Sie einfach, ob Sie es mit einer Serifenschrift zu tun haben oder mit einer ohne Serifen. Serifen sind die kleinen Schnörkel oder Umschläge am Ende eines Buchstabengliedes. Zu den gängigsten Serifenschriften zählen Garamond und die hier verwendete Times New Roman, eine der häufigsten Schriften ohne Serifen ist Arial. Alle diese Schriften sind auf Ihrem Computer verfügbar. Andere sollten Sie nur verwenden, wenn Sie von Typographie mehr verstehen als der Durchschnitt. Sobald der Eindruck entsteht, jemand versuche, graphische Elemente zu nutzen, um den Text „verschwinden" zu lassen, den Leser also über inhaltliche Schwächen hinweg zu täuschen, hat er verloren.

Kommen wir von der Schrift zum Text. Zunächst auch hier die äußere Form. Die Abstände zwischen Text und Seitenrand sollten mindestens die üblichen zweieinhalb Zentimeter betragen. Der Abstand zwischen zwei Zeilen sollte nicht zu groß und nicht zu klein sein, als Faustformel gilt: 120% der Schriftgröße, weniger schadet der Lesbarkeit, mehr lässt den Text „zerfallen".[1]

Viele Bewerber halten ihr Anschreiben im Blocksatz und das ist zunächst auch folgerichtig: wenn jemand ein Anschreiben über zwei Seiten engbedruckt gefertigt hat, dann gemahnt das Ganze an ein Buch und Blocksatz erscheint sinnvoll. Blocksatz hat noch einen Vorteil: Fehler werden leichter übersehen. Im Umkehrschluss: Blocksatz wird schneller überflogen. Und wenn jemand die besagten zwei engbedruckten Seiten Langeweile abgeliefert hat, ist es ohnehin des Lesers einzige Rettung, den Besinnungsaufsatz kurz überflogen auf den Stapel „Freundliche Absage" zu entsorgen.

Flattersatz sieht natürlicher, manche sagen auch „moderner" aus, insbesondere wenn das Anschreiben aus drei oder vier Absätzen à zwei bis maximal vier Zeilen besteht. Seine Lesbarkeit ist besser, er eignet sich daher gerade für Präsentationen (auch sonst im Berufsleben!).

Sie sollten zwar in Ihrem Anschreiben ohnehin in erster Linie kurze Worte gebrauchen, sollte doch einmal ein längeres dazwischen sein, darf es ruhig – an der richtigen Stelle – getrennt werden, um den Flattersatz nicht zerrissen aussehen zu lassen. Übrigens: Wer unbedingt meint, Blocksatz benutzen zu müssen, der *muss* trennen, wenn er nicht auch noch mehr oder weniger große Löcher im Text haben will. Aber auch hier gilt wieder: Mehr als zwei Trennungen direkt untereinander lassen den Text schlecht aussehen.

---

[1] An dieser Stelle im Training meinen die einen, dies sei eine Überanpassung, die anderen, man dürfe nicht so manipulieren. Den einen sei für die Zukunft gesagt, dass innerhalb eines Unternehmens inhaltliche Veränderung am besten gelingt, wenn man die vorgegebene Form streng wahrt (das Unternehmen nimmt selbst drastische Veränderungen so erst wahr, wenn sie unumkehrbar sind), den anderen, dass Manipulation immer das adäquate Mittel (nichtkriegerischer) Auseinandersetzung ist.
Wir werden im Rahmen der Darstellung des Bewerbungsgesprächs zu einer neueren Untersuchung kommen, die angeblich gezeigt hat, dass „Schleimer" bei Personalern besser ankämen als „Selbstdarsteller", wir werden auch darüber sprechen, warum dieses Ergebnis nicht überrascht und für Ihre Bewerbung dennoch keine Bedeutung hat.

An dieser Stelle muss ein Begriff eingeführt werden, der in diesem Zusammenhang von Bedeutung ist: der Textfall. Dabei handelt es sich nicht um eine Spielart des Sündenfalls, auch wenn der eine oder andere ihn so gebraucht. Textfall ist der Verlauf der Zeilenenden innerhalb eines Absatzes. Und hier sollte, wer seine Worte sorgfältig wählt, nicht gewonnenes Terrain verschenken: Achten Sie darauf, dass der Textfall nicht treppenförmig wird, das sieht langweilig, oder, wenn die erste Zeile die kürzeste ist, sogar negativ aus. Längere und kürzere Zeilen sollten sich abwechseln.

Orthographie

> Der eine hat eine falsche Rechtschreibung,
> der andere eine rechte Falschschreibung.
> (Georg Christoph Lichtenberg, *Sudelbücher*)

Nachdem wir die äußere Form einigermaßen geklärt haben (wir kommen immer wieder darauf zurück), gehen wir eine Schicht tiefer, auf das Bindeglied zwischen Form und Inhalt. Warum die Orthographie ausgerechnet in den Zeiten der elektronischen Rechtschreibprüfung so am Boden schleift, ist nur dialektisch zu verstehen: Wer sich darauf verlässt, dass die Maschine es schon richten wird, der steht am Ende ohne eigene Kompetenz da. Je einfacher es ist, Schreibfehler zu beseitigen, umso schwieriger scheint es, sie zu finden, insbesondere in rein elektronischen Schriftstücken, wo die Fehlerhäufigkeit eindeutig am höchsten ist.

War es in den Zeiten der Schreibmaschine noch sehr schwierig, einen Fehler auszubessern – oft blieb nichts, als die Seite noch einmal abzutippen – wäre es heute ein Leichtes, nach einer Korrektur die Seite erneut auszudrucken. Man könnte lange räsonieren über die Ursachen, belassen wir es bei einer einfachen Regel: Eine Bewerbung sollte nicht, wie ich schon gelesen habe, arm an orthographischen Fehlern, sie sollte *fehlerfrei* sein.

Wenn Sie weder Ihrer elektronischen Rechtschreibprüfung trauen (und das sollten Sie nicht uneingeschränkt tun) noch Ihren eigenen Fähigkeiten, dann suchen Sie jemanden, der Ihre Bewerbung auf Fehler prüft. Wenn derjenige noch dazu in der Lage ist, sie auf Grammatikfehler, stilistische Ausreißer,

Konsistenz, Lesbarkeit und optischen Anspruch zu prüfen, die Qualität also umfassend zu sichern, ist das ideal. Es schadet jedoch nicht, wenn möglichst viele Personen Ihre Bewerbung vor dem Versand durchgesehen haben – solange sich dabei nicht einer auf den anderen verlässt.

Noch ein Wort zur Wahl des Rechtschreibstandes: 1901 oder 2005? Alte oder neue Rechtschreibung? Die Frage reduziert sich meist darauf, wie Sie mit dem „ß" umgehen. Ansonsten ist es relativ egal. Man kann noch für einige Jahre sicher vorhersagen, dass die Leseerfahrungen Ihres Adressaten angesichts seines wahrscheinlichen Alters aus der „alten" Rechtschreibung stammen. Wenn er bezüglich Rechtschreibung ideologisch ist (und damit müssen Sie immer rechnen) wird er höchstwahrscheinlich ein Verfechter der Rechtschreibung des letzten Jahrhunderts sein. Im Zweifel sind Sie mit alter Rechtschreibung also auf der sicheren Seite. Da die neue für Schulen und Behörden ab 2005 verbindlich ist, hat sie jedoch ebensoviel Berechtigung[1].

Freie Geister nutzen die Vereinfachungen der neuen Rechtschreibung, solange dadurch nicht der Sinn dessen, was sie sagen wollten, verfälscht wird. Die neue Getrenntschreibung führt immer wieder zu unfreiwillig komischen Erscheinungen („allein stehend"). Wo also die neue Schreibweise den beabsichtigten Sinn verfälscht oder gar zerstört, bleiben Sie einfach bei der alten Rechtschreibung. Alles kein Problem. Schlimm wird es dann, wenn man eine Individualschreibung praktiziert, die weder mit der neuen noch mit der alten Rechtsschreibung kompatibel ist.

Und noch eines muss man erwähnen, weil es schmerzhaft häufig vorkommt: immer wieder finden sich in Bewerbungstexten Satzfragmente, die eindeutig daher rühren, dass alte Texte miteinander verwurstet oder nachträglich umformuliert wurden. Dann wird nur eine Beugung nicht angepasst und schon steht ein krummer Nicht-Satz als Fremdkörper im Anschreiben und ruiniert den Gesamteindruck.

---

[1] Für die Bewerbungskür: Prüfen Sie den Internetauftritt des Unternehmens, bei dem Sie sich bewerben, auf den Stand der Rechtschreibung und passen Sie sich diesem Stand an.

Das Anschreiben

Wenn der Lebenslauf das Herz einer Bewerbung ist, dann sollte das Anschreiben das Hirn sein – oder besser: dieses klar erkennen lassen. In einigen Bewerbungsführern ist zu lesen, Anschreiben würden gar nicht gelesen, jeder blättere sofort zum Lebenslauf weiter. Und tatsächlich wird häufig – nach dem Bild – zunächst der Lebenslauf betrachtet, der dieses Bild in der Mehrheit der Fälle noch in der Ecke trägt und der, wenn er gut gestaltet ist, einen hervorragenden und schnellen Blick auf ein Leben gewährt, aber eben nur auf Daten, Fakten, Äußerlichkeiten, auf die Fassade. Und wer sein Bild auf einem Deckblatt unterbringt, der hat die erste Neugier schon befriedigt, dessen Anschreiben wird unter Umständen zuerst gelesen.

Ob Ihr Anschreiben überhaupt gelesen wird, liegt an Ihnen. Kurze Anschreiben werden gelesen, wenn der Lebenslauf nicht schon so abschreckend war, dass der Leser die Unterlage gleich wieder weglegt. Und selbst wenn es Menschen geben sollte, die grundsätzliche keine Anschreiben lesen[1]: Sie wissen nicht, ob nicht ausgerechnet der Entscheider der für Sie interessantesten Stelle das Anschreiben in den Mittelpunkt seiner Aufmerksamkeit stellt.

Allerdings ist klar: Ein Entscheider, der sich mit einem Anschreiben von zwei oder gar mehr Seiten konfrontiert sieht, das mit den Worten „hiermit bewerbe ich mich" beginnt, der weiß, dass er nicht weiterlesen muss. Er schaut nach dem Bild, dann auf den Lebenslauf und wenn da nichts auf den ersten Blick Überzeugendes zurückschaut, landet die Bewerbung, Sie wissen schon: im Stapel „Freundliche Absagen".

Das Anschreiben ist der mit großem Abstand schwierigste Teil der Bewerbung[2]. Man mache sich nichts vor, allein einen intelligenten Eröffnungssatz zu finden, kann dauern. Das Anschreiben sollte nicht länger sein als eine

---

[1] Ich versichere Ihnen aus langer eigener Erfahrung und aus dem, was ich von Kollegen weiß, dass sie kaum häufiger sind als der Yeti.
[2] Als ich meine Anforderungen an das Anschreiben in einem meiner Seminare in ein paar Stichworten erläutert hatte, entfuhr es einem der Teilnehmer – und es klang sehr empört –:„Dann brauch' ich ja zwei Stunden für das Anschreiben." Meine – zugegeben etwas böse – Antwort war:„Aber nur, wenn Sie bereits viel Übung haben."

halbe, höchstens eine dreiviertel Seite. Es sollte Ihre Persönlichkeit spiegeln, spannend sein, Lust darauf machen, Sie kennen zu lernen. Das Anschreiben sollte selbstbewusst sein aber nicht überheblich, höflich aber nicht unterwürfig. Es sollte Ihre Motivation wiedergeben, sich ausgerechnet bei dieser Firma und für diese Stelle zu bewerben, die zentralen Forderungen der Stellenanzeige beantworten und deutlich werden lassen, warum ausgerechnet Sie die ideale Kandidatin, der ideale Kandidat sind.

Hiermit beginnt die Langeweile: Wider das Bürokratische
>Wo Sorgfalt und Einfalt sich verbinden, entsteht Bürokratie.
>(Sprichwort)

Unmäßige Ansprüche? Wir sind noch nicht fertig, denn jetzt nehme ich Ihnen ein paar Worte weg, die viele für Deutsch halten, die in Wirklichkeit aber aus dem Bürokratischen stammen. Eine Floskel hatten wir schon: „Hiermit bewerbe ich mich". Man möchte schreien: Womit denn sonst? Dass einer sich bewirbt und womit, drücken doch seine Unterlagen selbst aus. Genauso hässlich:„bezugnehmend auf Ihre Stellenanzeige". „Bezugnehmend", „hiermit" und vergleichbare Bürokratismen sind ebenso tabu wie:„Mit (großem, hohem…) Interesse habe ich Ihre Anzeige gelesen." oder – etwas blasiert – „Ihre Anzeige hat mein Interesse geweckt/gefunden."

Wenn man sie so hintereinander liest, mag man es nicht glauben, aber mehr als 90% der Eröffnungen sind mit dieser Aufzählung schon abgedeckt. Seltener aber auch scheußlich:„Sie sind eine große, international renommierte Firma." Ihr Ansprechpartner kann alles Mögliche sein, er ist nicht die Firma. Selbst wenn Sie den Eigentümer selbst ansprechen und dieser einen ausgesprochenen Gotteskomplex hat – er wird beim Lesen stolpern, wenn er als *die Firma* adressiert wird. Die Firma, das Unternehmen ist in der Regel eine juristische Person und ein wesentliches Unterscheidungsmerkmal zu natürlichen Personen ist, dass man juristische Personen nicht persönlich ansprechen kann[1]. Furchtbar die Anklageform:„Sie suchen einen Ingenieur…", lässt den sensiblen Leser schuldbewusst zusammenzucken.

---

[1] Denken Sie an die sprichwörtlich gewordene Anrede:„Lieber Herr Gesangsverein".

Grundsätzlich: Nie die Stellenanzeige zitieren. Das ist zwar vielleicht ein Beweis, dass man sie gelesen, nicht jedoch, dass man sie verstanden hat. Gehen Sie stattdessen auf die Stellenanzeige ein. Hier zeigt sich wieder, dass es gut war, die Stellenanzeige genau zu lesen und auszuwerten. Wir ergänzen die Liste, die wir uns gemacht haben, um einen weiteren Punkt. Er betrifft die drei oder vier zentralen Forderungen der Stellenanzeige. Denn auf die gilt es zu antworten, sie bilden die Eröffnung des Dialogs.

Gehen wir zurück zu unserer Anzeige „Geschäftsführer" (siehe oben, S. 38) und versuchen, die wesentlichen Punkte herauszuarbeiten. Diese sind zweifellos: eine Ausbildung, die für die Stelle Voraussetzungen schafft, mindestens drei Jahre Führungserfahrung und praktische Erfahrungen im Controlling. An „weichen" Faktoren kommen die sehr spezifische kommunikative Stärke und die Bereitschaft hinzu, selbst mit anzupacken. Ich bin versucht, auf diese Forderungen eine Musterantwort zu schreiben und ich werde der Versuchung nachgeben, aber nicht durchgängig, ich will Ihnen hier nicht eine abschreibbare Vorlage bieten, sondern Hinweise darauf, wie man in einem Anschreiben formulieren *könnte*. Ich greife daher im Folgenden auch auf Beispiele zurück, die sich nicht auf unsere Anzeige beziehen, sondern einen ganz anderen Hintergrund haben.

Über den Namen

Zunächst jedoch gibt eine weitere zentrale Botschaft, die sich in den meisten Anzeigen findet und deren Wichtigkeit nicht überschätzt werden kann: Der Name des Ansprechpartners oder der Ansprechpartnerin. Einen Brief mit „Sehr geehrte Damen und Herren" zu eröffnen, wenn ich einen Namen kenne, ist extrem unhöflich. Denn nichts ist Menschen wichtiger als ihr Name. Daher müssen Sie ihn auch richtig schreiben.

Haben Sie den Namen am Telefon erfahren, fragen Sie bereits da nach der richtigen Schreibweise und – für die Anschrift ganz wichtig – dem Vornamen. Freundlicher Nebeneffekt dieser Frage: Sie vertiefen sofort den Kontakt, ganz ohne Mühe. Finden sich in der Anzeige zwei alternative Ansprechpartner, was insbesondere bei Anzeigen vorkommt, die von Personalberatungen aufgegeben wurden, schreiben Sie beide an (aber natürlich in *einem* Brief).

Auch Ihr Name ist wichtig, er sollte auf jeder Seite Ihrer Bewerbung zu finden sein, auf dem Anschreiben, dem Lebenslauf und ggf. auf Ihrem Deckblatt (in den Zeugnissen findet er sich ohnehin). Es reicht jedoch, z.B. auf dem Anschreiben den Namen (und ggf. Ihre Telefonnummer oder E-Mail-Adresse) aufzuführen, es muss nicht immer die vollständige Adresse genannt sein.

Man sollte es nicht glauben, aber es nicht einmal so selten, dass die Unterschrift gänzlich fehlt. Wer so hektisch ist, dass er nicht einmal unterschreibt, der sollte sich das Porto für den Versand der Bewerbung sparen.

Unterschreiben Sie Anschreiben und Lebenslauf mit Vor- und Zunamen. Es mag albern klingen, aber auch Unterschriften sollte man üben. Ich habe mich an anderer Stelle zum Thema „Graphologie" geäußert. Bei der Unterschrift wird jeder Leser zum Graphologen. Eine Unterschrift sollte in sich stimmig sein. Es gibt viele Menschen, die sonst nie mit dem Vornamen unterschreiben, dann wirkt der Nachname flüssig, der Vorname zunächst einmal ungelenk, hier hilft, was überall hilft: Üben.

Ein letztes Wort dazu: passen Sie die Größe Ihrer Unterschrift dem Text an. Ein guter Text, unter dem eine verzagte, winzige Unterschrift fast verschwindet, verliert an Kraft. Ein schwacher Text allerdings wird nicht durch eine noch so überbordende Unterschrift kraftvoll.

Ein Antwortenmuster auf das Anzeigenbeispiel

Zu unserer „Musterantwort": Die Eröffnung darf grundsätzlich fast alles sein, nur, wie gesagt, nicht bürokratisch. Sie sollte dialogisch, also mit einer Ich-Botschaft eröffnen, um den Arbeitgeber oder Unternehmensberater nicht gleich wieder mit sich selbst zu konfrontieren. Sie kann sachlich sein oder spektakulär. Wofür Sie sich letztlich entscheiden, hängt davon ab und auch davon, wie sicher Sie sich Ihrer Sache sind, was Ihnen eher entspricht und nicht zuletzt davon, in welchem Ton die Anzeige gehalten war.

Die einfachste Eröffnung ist zweifellos eine sachliche, medias in res: „nach meinem betriebswirtschaftlichen Studium habe ich zunächst..." Ein wenig langweilig, aber selten falsch. Durch die Voranstellung der zeitlichen Präposition umgeht man die Frage, ob man mit „Ich" anfangen darf. Darüber gibt es kleinere Glaubenskriege, die ich hier im Handstreich entscheide: man darf, wenn es intelligent weitergeht.

„Ich habe mit großem Interesse Ihre Anzeige gelesen", ist nicht intelligent sondern überflüssig, der Leser bekommt keine Information, die für ihn wertvoll oder auch nur neu wäre, seine Zeit wird verschwendet. „Ich bin nicht Ihr idealer Kandidat.", war intelligent (und führte mit zu einer Einladung zu einem Vorstellungsgespräch), weil es den Leser stolpern ließ, es widersprach seinen Erwartungen. Die Psychotherapie spricht von einer paradoxen Intervention. Ein kleines „nicht" erregte Aufmerksamkeit für den ersten Satz und damit den Kandidaten (ausführlicher dazu siehe „Paradoxa – die Kür"). Auch wenn es auf den ersten Blick anders wirkt: dieser Satz spricht für ein ausgeprägtes Selbstbewusstsein.

Derselbe Satz ohne „nicht" wäre zwar zweifellos auch selbstbewusst gewesen, zugleich jedoch als undifferenziert und überheblich empfunden worden. Und ein solcher Satz „Ich bin Ihr idealer Kandidat" setzte seinen Autor sofort unter Beweisdruck. Die gegenteilige Aussage überraschte und war damit als Dialogeröffnung geeignet. Denn natürlich beschreibt jede Stellenanzeige scheinbar den idealen Kandidaten. Dieser wird aus vielen Versatzstücken zusammengesetzt, daher ist *kein* Bewerber der ideale Kandidat und doch versucht jeder zu beweisen, dass er es sei. Offen(siv) das Gegenteil auszusprechen, heißt mit einem gewissen Augenzwinkern der Behauptung „wir tun so, als suchten wir den Idealkandidaten" ein „ich tue so, als sei ich es nicht" entgegenzusetzen und damit einen sehr offenen und wenig ritualisierten Dialog zu ermöglichen.

Das Risiko einer solchen Eröffnung besteht darin, dass man mit ihr Erwartungen weckt, denen man dann auch gerecht werden muss. Schon aus diesem Grund sollte man auch gute Eröffnungen nicht abschreiben – auch nicht bei sich selbst. Was funktioniert hat, muss nicht wieder funktionieren.

Witzige Bewerbungen

Die Vorstellung, dass die eigene Bewerbung als eine unter vielen in einem großen Waschkorb landen oder auf einem Schreibtisch im Stapel nach ganz unten rutschen könnte, dass andere im wahrsten Sinnen hervorragend sein könnten, bringt kreative Köpfe schnell auf die Idee: Wenn schon Be*Werbung*, dann richtig. Und die meisten der Aussagen dieses Buches weisen doch ganz offensichtlich in die gleiche Richtung. Der Uebel hat gesagt: Macht Werbung, zeigt Persönlichkeit, seid einzigartig. Warum also nicht: DIN A 3 statt DIN A 4, ein Schuh als Verpackung (damit „ein Schuh draus wird"), eine CD in der Größe und Form einer Visitenkarte mit meinem Namen drauf und Bildern aus meinem Leben. Gerade Designer, Werbeagenturen und ähnliche Unternehmen bekommen eine Menge solcher Versuche. Paradox: Eine Initiativbewerbung nach Art des Hamburgers, der seinen Kurzlebenslauf samt Stellenwunsch in der ganzen Stadt plakatierte, und damit Erfolg hatte, kann sinnvoll sein, der Versuch, sich durch witzige Verpackungen (und meist sind das die Verpackungen, in denen dann oft die üblichen banalen oder bestenfalls bemüht witzigen Texte stecken) von der Masse abheben zu wollen, geht meist daneben.

Um Missverständnisse zu vermeiden: Ich bin sehr dafür, sich von der Masse abzuheben. Originalität verlangt die Abweichung von der Norm. Man sollte sich jedoch klar darüber sein, dass die meisten Empfänger nicht auf allzu Humoriges eingerichtet sind und sich von Normabweichungen dann gestört fühlen, wenn sie unbeholfen sind.

Dabei kann man – zugegeben mit etwas Mühe – sich dadurch von der Masse abheben, dass man ein intelligent formuliertes Anschreiben, einen klar strukturierten Lebenslauf (und idealerweise ein paar inhaltliche Stärken) anzubieten hat. Ein Personaler, der achtmal „hiermit bewerbe ich mich" gelesen hat, lechzt geradezu nach einem intelligenten ersten Satz – und wird die dann folgende Bewerbungsunterlage mit viel größerem Interesse durchschauen. Wer unbedingt witzig sein will, sollte es mit einem wirklich amüsanten Anschreiben versuchen – aber Vorsicht: Das ist sehr schwierig.

Mustersätze: Eine kurze Deutschstunde

„Ich bin seit vier Jahren Direktor Gesundheitsmanagement bei einem mittelgroßen Krankenversicherer und suche seit einiger Zeit eine Aufgabe, bei der ich zugleich gesamtverantwortlich *und* operativ wirken kann.", bezieht sich auf gleich zwei der oben aus der Beispielsanzeige herausgearbeiteten wichtigen Punkte: Die Erfahrung in einer Führungsposition und den Willen, selbst mit anzupacken.

Durch die Formulierung wird behauptet, dass die Motivation für die Bewerbung eigentlich älter ist als die Stellenzeige und das sowohl die Gesamtverantwortung *als auch* das in der Stellenanzeige geforderte „Selbermachen" reizt. Der Satz deutet an, dass dem Bewerber seine heutige Stellung zu wenig operativ und zu wenig gesamtverantwortlich ist, ohne dass man darin Unlust im Sinne eines „Hauptsache-weg-hier" vermuten müsste. Durch die Formulierung wird die Stelle aufgewertet, hier ist plötzlich von einer „Aufgabe" die Rede, die sich dem suchenden Bewerber jetzt *endlich* eröffnet. Und doch wird die Stelle oder ihre Beschreibung nicht zitiert. Darum geht es: Bezug nehmen, aber nicht nachplappern oder anbiedern. Nichts wäre schlimmer, als den Gedanken auszuformulieren, den Satz also etwa wie folgt fortzusetzen: „und die von Ihnen ausgeschriebene Stelle scheint gute Voraussetzungen dafür zu bieten". Das bringt dem Leser keine Erkenntnisse, klingt nach Anbiederung, verbraucht wertvollen Raum im Anschreiben und macht den davor liegenden Satz mit wenigen zusätzlichen Worten wieder kaputt.

Ein zweiter Satz auf die oben dargestellte Anzeige könnte lauten: „Nach dem Zivildienst in einer chirurgischen Klinik habe ich während meines betriebswirtschaftlichen Studiums Nachtdienste in verschiedenen Krankenhäusern geleistet." Auch hier liegt es wieder nahe, den Satz fortzusetzen „kenne also das Klinikleben von innen." Ein überflüssiger Halbsatz, der die möglichen Folgerungen aus dem Informationsträger auf eine einzige Richtung festlegt. Prüfen Sie jede Ihrer Formulierungen auf solche verräterischen Halbsätze, die den Dialog zu einem Selbstgespräch verkommen lassen, die dem anderen sozusagen das Wort aus dem Mund oder, schlimmer noch, das Denken aus dem Kopf nehmen wollen.

Lassen Sie uns die Deutschstunde noch ein wenig fortsetzen. Wir kommen später noch darauf zurück, beim Bewerbungsgespräch, darum hier nur eine kurze Anmerkung: Im mündlichen Vortrag scheuen sich die meisten Bewerber (und noch mehr die Bewerberinnen), das Wort „ich" zu gebrauchen. Immer ist von „man" die Rede, in der dritten Person, als ob man selbst bestenfalls wenig beteiligter Zuschauer gewesen sei. Auch im Anschreiben taucht ein ganz ähnliches Phänomen auf. Ich zitiere ein Anschreiben, dass ich kürzlich zum Gegenlesen bekam[1]. Dort stand:„Innerhalb meines Studienschwerpunktes Objektplanung habe ich alle Phasen eines Projektes kennen gelernt. Das Schwerpunktprojekt handelte von dem Stadtteil x, im Rahmen des Programms y. Begonnen wurde mit einer ausführlichen Analyse, bis zu Details in der Werkplanung."

Betrachten wir uns diese Sätze (sie bildeten ungefähr 30% des vernünftig kurzen Anschreibens). Sofort fällt auf, dass wir nicht erfahren, welche Rolle unser Absolvent innerhalb des Projektes wirklich gespielt hat. Es sieht so aus, als sei er ein unbeteiligter Zuschauer gewesen. Denn „Ich habe kennen gelernt" täuscht Handeln nur vor. Und dann die Passivkonstruktion, die diesen Eindruck noch einmal unterstreicht: „Begonnen wurde". Vier verschwendete Zeilen, der Leser lernt nichts über den Schreiber. Auch sonst erfährt er nur Allgemeinplätze über Projektplanung, die den Fachmann langweilen und dem Laien gar nichts sagen.

Es handelt sich bei diesem Beispiel nicht um einen krassen Einzelfall, sondern um typische Formulierungen, wie man sie nicht nur von Berufsanfängern zu Tausenden liest. Völlig wertlose Papierfüller. Es artikuliert sich die Scheu zu sagen, was man eigentlich sagen will, weil es einen exponieren und damit der Kritik aussetzen würde.

Verantwortung übernehmen für den eigenen Erfolg
Ich will Ihnen an einem Beispiel demonstrieren, welche Möglichkeiten es gäbe, mit den Nuancen zu spielen. Nehmen wir an, ein Bewerber sei inner-

---

[1] Gegenlesen heißt bei mir immer: Ich lese mit dem geringstmöglichen Wohlwollen, also als *Gegner*, das tut zwar weh, mir auch, bringt aber größeren Fortschritt.

halb eines Projektes A für die Qualitätssicherung verantwortlich gewesen. (Wir vernachlässigen dabei, dass das Projekt A, wenn es nicht allgemein bekannt ist, näher beschrieben werden müsste und wenden uns nur der Rolle des Bewerbers innerhalb des Projektes A zu.)

- Häufig liest man:„…war ich an dem Projekt A beteiligt". Ausgesprochen passiv und arm an Informationen.
- Manchmal wird daraus:„…hatte man mir innerhalb des Projektes A die Qualitätssicherung übertragen". Mehr Information – aber hier handelt „man", wer immer das ist, jedenfalls nicht der Bewerber. Der Leser kann vermuten, dass es sich um einen Vorgesetzten handelt.
- „…war ich innerhalb des Projektes A für die Qualitätssicherung zuständig." Auch wenn „zuständig sein" noch kein Handeln ist, klingt es doch immerhin nach Verantwortung, allerdings ist es eine inaktive, eine bürokratisch anmutende Verantwortung.
- Warum also nicht:„…war ich innerhalb des Projektes A für die Qualitätssicherung verantwortlich"[1] oder
- noch etwas offensiver:„leitete ich innerhalb des Projektes A die Qualitätssicherung".

Aber: Auch so bleibt es nur ein Ausschnitt, wenn auch mit (mindestens) zwei wertvollen Informationen. Eine *Geschichte* wird daraus, wenn man sich etwas mehr Mühe gibt: „übertrug mir die Geschäftsleitung die Verantwortung für die Qualitätssicherung innerhalb des Projektes A, das wir in der vorgegebenen Zeit fehlerfrei und deutlich unter Plankosten abschließen konnten." Eine ganze Geschichte in nicht einmal 30 Worten. In dieser Version tritt der Erzähler wieder einen Schritt zurück, leiht sich die Autorität von der Geschäftsleitung und lässt den genauen Anteil, den er am Erfolg hatte, offen: viel Stoff für ein Vorstellungsgespräch. Nebenbei: Eine solche Geschichte sollte natürlich wahr sein. Und lassen Sie sich nicht verführen, mehr anzubieten als eine solche Skizze. Zwingen Sie Ihren Leser zum Fra-

---

[1] Wie gefährlich dagegen Passivkonstruktionen sind, zeigt die folgende Stilblüte, die ich auch in einer Bewerbung lesen durfte:„machte man mich verantwortlich für …."

gen. Bieten Sie ihm genügend an, um seine Phantasie anzuregen, aber nicht so viel, dass seine Neugier gestillt wäre.

Jetzt höre ich den einen oder anderen Nörgler: Was, wenn ich noch nie ein Projekt geleitet habe? Nun, das war ein Beispiel. An die Stelle des Projektes in unserem Beispiel können andere relevante Erfolge gesetzt werden. Ein Leben ohne Erfolge gibt es nicht. Und natürlich auch keines ohne Misserfolge. Dass letztere in einer Bewerbung in der Regel nicht nach vorne gestellt werden sollten, leuchtet jedem sofort ein. Warum jedoch eigene Erfolge so schwer erinnerlich oder mindestens darstellbar scheinen, wundert mich immer wieder.

Ein Statement zum statement of motivation

Im Anschreiben die eigene Motivation bezogen auf die Stelle zu formulieren, ohne sich anzubiedern oder fade Allgemeinplätze abzusondern, gehört wie gesagt mit zum Schwersten innerhalb einer Bewerbung. Damit erkläre ich auch, dass sich inzwischen bei Einigen etwas eingebürgert hat, das aus dem angloamerikanischen Kulturkreis stammt: das statement of motivation.

Bis zu einer Seite (ich habe allerdings auch schon zwei gesehen), meist an den Lebenslauf angehängt, verwenden einige Bewerber darauf, grundsätzliche Anmerkungen über das zu machen, was sie generell motiviert, wie sie die Welt sehen und was ihnen gefällt oder auch nicht gefällt. Mit der Stelle hat das meist wenig zu tun. Und leider ist es nicht selten unfreiwillig komisch. Auf die Gefahr hin, dass ich mir den Ruf einhandle, rückwärts gewandt zu sein: In einer deutschen Bewerbung ist das nicht nur überflüssig, man kann sich richtig lächerlich machen, und das Risiko, dass das Anschreiben dafür entsprechend nichtssagend wird (weil man ja die ganze Persönlichkeit scheinbar in diesem Statement unterbringt), ist entsprechend groß.

Auch im Globalisierungsfieber, in dem schon mal ein amerikanisches Vorstellungsgespräch geführt wird (auf Englisch und mit Fragen wie:"Warum sollten wir ausgerechnet Sie einstellen?", wir kommen darauf zurück), sollte man sich sehr genau überlegen, ob aus dem Ausland übernommene Besonderheiten echte Vorteile bringen. Ich habe bis heute kein deutsches statement of motivation gesehen, das mich wirklich überzeugt hätte. Bestenfalls wirkt es treuherzig, schlimmstenfalls einfach albern.

Gute Anschreiben sind kurz

Zum dritten Mal: Das Anschreiben innerhalb einer Bewerbung auf eine Stellenanzeige sollte weniger als eine Seite lang sein, das innerhalb einer Initiativbewerbung höchstens anderthalb bis zwei.

Oft wird die Seite für das Anschreiben jedoch unnötig vollgestopft. Da findet sich die eigene Adresse und die des angeschriebenen Unternehmens, eine große Betreffzeile darf natürlich auch nicht fehlen – und schon wirkt die Seite voll, selbst wenn das eigentliche Anschreiben kaum eine halbe Seite umfasst. Hier kommt wieder das Deckblatt ins Spiel: Adressat, Absender und der Betreff finden darauf Platz (und natürlich das Foto und, wenn sinnvoll, ein Inhaltsverzeichnis). Auf dem Anschreiben muss nur noch der eigene Name deutlich machen, von wem dieses Anschreiben stammt, und der lässt sich trefflich unter die Unterschrift setzen. Plötzlich ist Platz und auch ein (ausnahmsweise) etwas längeres Anschreiben bleibt übersichtlich.

Auf die Forderung nach einem Anschreiben von weniger als einer Seite höre ich immer großen Protest. Unberechtigter Protest, wenn man sieht, wie viel Platz durch überflüssiges Geschwätz vertan wird, durch aussagefreie Floskeln und Füllwörter. Zehn bis 15 Sätze, rund 200 bis 250 Wörter. Zehnmal so viel, wie unsere kleine Geschichte über Qualitätssicherung im Projekt (siehe oben, S.88)! Das ist ungefähr so lang, wie dieser Abschnitt, genug Platz, wenn man ihn nicht vertut – zum Beispiel mit wirklich schlechten Sätzen.

Wirklich schlechte Bewerbungssätze

Die Zahl der Sätze, die eine Bewerbung lausig machen, Entschuldigung, ich wollte sagen *abwerten*, ist Legion. Nehmen wir uns stellvertretend drei (sehr, sehr) häufige vor:

1. „Ich bin überzeugt davon, Ihren Anforderungen gerecht zu werden …",
2. „Ich halte mich für teamfähig …"
3. „Zwar fehlen mir die Sprachkenntnisse, ich bin jedoch gerne bereit, mir diese umgehend anzueignen …",

Ad 1. Wenn ich nicht überzeugt davon wäre, dürfte ich mich nicht bewerben, der Satz enthält also keine eigene Aussage – sieht man davon ab, dass die Formulierung so unsicher klingt, dass sie ihren eigenen Inhalt widerlegt[1].

Ad 2. Dieser Satz steht wirklich stellvertretend für Millionen ähnlicher. Sie zitieren in der Regel den Anzeigentext. Wenn in einer Anzeige das Wort „teamfähig" steht, dann darf es in *keinem eigenen* Text des Bewerbers vorkommen. Wie sich das mit der Forderung verträgt, ein Bewerber solle auf die Anzeige eingehen? Ausgezeichnet. Eingehen, man kann es nicht oft genug betonen, heißt *antworten* – nicht zitieren.

Flau ist auch das „Halte ich mich". Es reicht meist noch nicht einmal zu „ich bin teamfähig" (das wäre zwar auch nicht gut, weil nur Zitat der Stellenanzeige und ohne jeden Beleg aber wenigstens ein selbstbewusstes Bekenntnis). Stellen Sie keine Vermutungen über sich an, vertrauen Sie auf sich und zeigen Sie ihr Können, Beispiele sind gefragt! Wenn also „Teamfähigkeit" verlangt wird, dann schauen Sie zunächst, ob eines Ihrer Zeugnisse Ihnen diese Fähigkeit direkt oder indirekt bescheinigt. Sollte das nicht der Fall sein oder Sie noch keine Arbeitszeugnisse haben und die Eigenschaft wichtig sein, dann sollten Sie die Teamfähigkeit durch ein Beispiel belegen – ohne das Wort selbst zu benutzen. Das kann eine berufliche Gelegenheit sein, bei der Sie Teamfähigkeit bewiesen habe, das kann auch eine außerberufliche z.B. sportliche Aktivität sein.

Ad 3. Das ist der Todesstoß für jede ansonsten noch so interessante Bewerbung. Ein Todesstoß, den gerade Frauen ihrer Bewerbung gerne versetzen. Wer Anforderungen nicht erfüllt, diese Mängel jedoch für so wenig gravierend hält, dass er sich bewirbt, der darf zwar nicht behaupten, fehlen-

---

[1] Menschen, die ihren Arbeitgeber verklagen würden, wenn er in ihr Zeugnis schriebe „war stets bemüht, den Anforderungen gerecht zu werden", haben kein Problem, sich einen solchen Unsinn selbst zu bescheinigen.

de Fertigkeiten zu besitzen, er sollte jedoch genau so wenig auf die Mängel hinweisen. Schweigend übergehen heißt die Erfolgsformel. Oder Sie beschreiben vergleichbare Fertigkeiten, die belegen, dass Sie schnell lernen[1].

Online-Vorlagen für Anschreiben – Wie man Schlechtes noch schlechter macht

Ich betone es noch einmal: Wer eine Vorlage für sein Bewerbungsanschreiben benutzt, der ist nicht originell. Dennoch gibt es Vorlagen zuhauf. So gibt es einen namhaften Autoren von Bewerbungsanleitungen, der - ganz wie ich hier auch - darauf hinweist, dass „Hiermit bewerbe ich mich" ein extrem schlechter Einstieg in ein Anschreiben ist, und der völlig richtig sagt:„Bewerber mit originellen Anschreiben haben bessere Chancen zum Vorstellungsgespräch eingeladen zu werden." Tja, und dann geht derselbe Autor hin und bietet auf derselben Website 40 Musteranschreiben zum Download gegen Euro 5,50 an (nein, ich nenne die Internet-Adresse nicht, um niemanden in Versuchung zu bringen). Das Geld kann man sich sparen: Ganz gleich, wie sie formuliert sind, diese Anschreiben sind schon nicht mehr originell, wenn man sie herunterlädt.

Ich habe Ihnen eine „kostenlose" Online-Vorlage hier aufgenommen, die unter Word-Vorlagen zu finden und ein gutes Beispiel für das ganze Elend solcher Vorlagen ist.

Lesen Sie sie zunächst einmal ganz, bevor ich sie Stück für Stück auseinander nehme.

Ihre Stellenanzeige in der FAZ am 28.08.2000 „Dipl.-Bw. (FH)"

Sehr geehrte Damen und Herren, die von Ihnen in der FAZ vom 28.08.2000 ausgeschriebene Position interessiert mich. Zur Zeit bin ich Leiter des Rechnungswesens in einem namhaften Unternehmen des Maschinenbaus. Bitte entnehmen Sie meinen bisherigen Werdegang den beigefügten Unterlagen. Für die vertrauliche Behandlung meiner Bewerbung danke ich Ihnen. Ich könnte die angebotene Stelle zum 1. April 2001 antreten. Ein erfolgsorientiertes Einkommen entspricht meinem Engagement und meinem unternehmerischen Denken. Darf ich Sie zu einem Vorstellungsgespräch aufsuchen? Über Ihre Einladung freue ich mich.

Mit freundlichen Grüßen

---

[1] Ist also Englisch und Französisch verlangt, und Sie können außer Englisch „nur" Spanisch und Portugiesisch, dann führen Sie diese Sprachen an und setzen darauf, dass der Leser Ihnen zutraut, das Französisch in kurzer Zeit nachzuholen.

Das einzig Positive, was man über dieses Anschreiben sagen kann, ist, dass es kurz ist. Dafür, dass es nahezu keine für den Leser wertvolle Information enthält, ist es allerdings viel zu lang.

Ihre Stellenanzeige in der FAZ am 28.08.2000 „Dipl.-Bw. (FH)"

Der Betreff geht in Ordnung, er muss jedoch nicht in das Anschreiben.

Sehr geehrte Damen und Herren,

Diese Anrede, wir erinnern uns, wäre schlecht, wenn in der Stellenanzeige ein Name gestanden hätte, aber Vorlagen kennen natürlich keine Namen.

die von Ihnen in der FAZ vom 28.08.2000 ausgeschriebene Position interessiert mich.

Von wem sonst sollte sie ausgeschrieben sein, Erscheinungsort und -datum waren im Betreff bereits genannt und hätten auch sonst hier nichts zu suchen. Dass die Anzeige den Bewerber interessiert hat, geht aus der Tatsache hervor, dass er sich bewirbt. Der ganze Satz ist in dieser oder ähnlicher Form einer der häufigsten Eröffnungssätze in Bewerbungsschreiben.

Zur Zeit bin ich Leiter des Rechnungswesens in einem namhaften Unternehmen des Maschinenbaus.

Ein ganzer Satz für nur zwei Informationen, er klingt nicht gerade inspiriert und hier ist auch die Behauptung mit dem Betreff schwer in Übereinstimmung zu bringen: Wieso bewirbt sich ein Leiter Rechnungswesen, wenn nur allgemein ein Dipl.-Bw. (FH) gesucht wird?

Bitte entnehmen Sie meinen bisherigen Werdegang den beigefügten Unterlagen.

Dieser Satz gehört ebenfalls zu den sehr häufigen im Bewerbungsanschreiben, ehrlicher wäre es zu schreiben:„Suchen Sie sich selber zusammen, was Sie interessiert." Es ist eine kundenfeindliche Aufforderung und damit das Gegenteil von Werbung!

Für die vertrauliche Behandlung meiner Bewerbung danke ich Ihnen.

Bewerbe ich mich bei einem Profi (was ich zum Zeitpunkt der Bewerbung nie abschließend einschätzen kann), gehört Vertraulichkeit zu seinem Berufsethos, wenn nicht, nützt mir der Satz gar nichts. Wer sich bewirbt, kann nie ausschließen, dass das bekannt wird. Die Bereitschaft, dazu zu stehen, gehört immer zur Bewerbung. Siehe dazu auch den Abschnitt „Trennungsabsicht".

Ich könnte die angebotene Stelle zum 1. April 2001 antreten.

Die Datumsangabe ist in Ordnung, falls in der Anzeige verlangt, aber ob man außerhalb des Militärs heute noch Stellen antritt?

Ein erfolgsorientiertes Einkommen entspricht meinem Engagement und meinem unternehmerischen Denken.

Das ist der einzige Versuch, dialogisch zu arbeiten. In der Stellenanzeige, die vielleicht einmal den Ausgangspunkt für diese Vorlage bildete, war wohl davon die Rede gewesen, dass die Bezüge erfolgsorientiert seien. Der Kommentar dazu ist so platt und beflissen wie überflüssig. Die Vergütung *ohne Not* zu kommentieren, schwächt die eigene Position für das Vorstellungsgespräch (nach einer solchen Bewerbung ist es zwar nicht sehr wahrscheinlich, dass es dazu kommt, aber man weiß ja nie). Wenn konkret nach dem Wunscheinkommen gefragt wird, muss dazu eine Angabe gemacht werden, alles andere ist Unsinn. Sich selbst – noch dazu im Zusammenhang mit erfolgsabhängigem Einkommen – ohne Beispiel unternehmerisches Denken und Engagement zuzuschreiben, klingt banal und überheblich.

Darf ich Sie zu einem Vorstellungsgespräch aufsuchen? Über Ihre Einladung freue ich mich.

Ganz am Schluss kommt noch etwas Bewegung in das Anschreiben, ein etwas frischerer Satz, knapp an unfreiwilliger Komik vorbei, *aufsuchen* klingt nach *heimsuchen* und passt zu *antreten*. Die Botschaft in anderen Worten zu wiederholen, ist überflüssig, tatsächlich wäre der zweite Satz sprachlich besser gewesen, man hätte also den ersten weglassen können.

Fazit: Ein lausiges Anschreiben, wirklich schlecht, inhaltsleer, platt und öde. Das geht allerdings bei solchen Vorlagen auch nicht anders, denn sie haben keinen echten Bezug zu einer Stellenanzeige oder einer Person, denn alles, was spezifisch wäre, passte nicht in eine Vorlage.

Merke: **Alles, was in eine Vorlage passt, kann man aus einer echten Bewerbung herauslassen.**

Wie denken Personalchefs und Warum diese Frage unglücklich macht

In meinen Bewerbungstrainings werde ich immer wieder gefragt, was Personalchefs erwarten. Einfache Antwort: Ich weiß es nicht, und auch sonst niemand[1]. Weil viele Personalchefs für die Besetzung vieler Stellen verantwortlich sind und weil sie sich – hoffentlich – alle ein wenig voneinander unterscheiden und weil für die Besetzung einer Stelle nicht nur *ein* Mann oder *eine* Frau verantwortlich ist, die Erwartungen also schon bei *einer* Stelle auseinander gehen.

Das Nachdenken über den abstrakten Willen eines abstrakten Personalchefs führt in die Irre, im Kopf entsteht unter Umständen ein Idealtypus, den es in Wirklichkeit nicht gibt. Lohnt es sich, wenn wir uns in den Personalchef, den zuständigen Abteilungsleiter hineinversetzen wollen? Nein, wenn damit der Versuch bezeichnet ist, einem Idealtypus unserer Vorstellung (oder dem der zahlreichen Bewerbungsführer) gerecht zu werden. Ja, wenn damit gemeint ist zu erzählen, was unser tatsächlicher Ansprechpartner über uns wissen sollte.

Wie in der übrigen Werbung auch, sollte der Rezipient etwas über seinen Nutzen aus unserem Produkt erfahren. Wir stellen unsere Überlegungen also vom Kopf auf die Füße. Nicht was er vielleicht lesen will, sondern was er vor dem Hintergrund seiner (in der Stellenanzeige geäußerten oder durch uns nach Recherche vermuteten) Vorstellungen lesen sollte, ist die Frage, die wir uns stellen. Dann wird Bewerben zwar nicht einfach, aber möglich.

Wenn ich nicht weiß, was die Personalchefs wollen, woher weiß ich dann, was sie nicht wollen (denn dieses Buch ist voller Hinweise darauf, was man nicht tun sollte)? Sie haben das Buch schon zur Hälfte gelesen, jetzt kann ich die Katze aus dem Sack lassen: Es geht hier nicht (nur) um Bewerbung. Alle meine Warnungen betreffen Fehler, die nicht nur in einer Bewerbungssituation als solche empfunden werden, sondern in jeglicher Kommunikation. Fehler, die allerdings sonst in der Kommunikation kaum jemand machen würde. Sie haben noch keinen privaten Brief, keine Postkarte, keinen Auf-

---

[1] Es ist im Einzelfall nicht ausgeschlossen, dass nicht einmal der Personalchef selbst weiß, was er will.

satz oder Tagebucheintrag, keine Einkaufsliste für Ihre Kinder mit „hiermit" eröffnet.

Und natürlich gibt es, bei aller Verschiedenheit ein paar Gemeinsamkeiten unter Personalern: dass sie viele Bewerbungen bekommen zum Beispiel, dass sie wenig Zeit je Bewerbung haben, dass sie sich über banale Texte ärgern, dass sie leicht zu handhabende Bewerbungen bevorzugen.

Eine Anmerkung zur Frage, wie lange der sprichwörtliche Personalchef eine Bewerbung liest. Da gibt es die, die behaupten, es seien 30 Sekunden, und die, die wissen, es seien drei Minuten. Und dann noch diejenigen, die von 30 Sekunden bis zu drei Minuten sprechen. In mehr all den Jahren Personalertätigkeit habe ich nie gemerkt, wie die Zeit gestoppt wurde, die ich für eine Bewerbung brauchte und nie einen Kollegen über seine Erfahrungen mit dieser Zeitmessung berichten hören. Woher stammen also diese Zahlen? Tatsächlich stammt sie aus Selbstauskünften, die immer wieder in Umfragen eingeholt werden. Die Zeitschätzungen reichen meist von zwei bis fünf Minuten für die *erste* Durchsicht. Daraus hat jemand den Durchschnitt errechnet und dann behauptet, es handelte sich um die Zeit für die komplette Prüfung der Unterlagen. Und nun schreibt jeder von jedem ab, ohne Sinn und Verstand. Die Wahrheit ist komplizierter: Es gibt Bewerbungen, die legt man sehr schnell (also tatsächlich innerhalb weniger Sekunden) beiseite, während man andere intensiv studiert und immer wieder aufnimmt. Wenn eine Bewerbung aussieht, als sei sie den Aufwand nicht wert, und wenn der erste Satz diesen Eindruck bestätigt, und wenn sich dann ein engbedruckter Text über zwei Seiten anschließt, muss diese Bewerbung die Minuten abgeben, die einer interessanten kurz(weilig)en Bewerbung zugeschlagen werden.

Die Online-Auswahl

Viele Unternehmen bieten inzwischen die Möglichkeit (wenn sie es nicht gar bereits verlangen), sich online zu bewerben. Die ganz fortschrittlichen schalten dieser Online-Bewerbung bereits einen elektronischen Auswahltest vor.

Das Finden und die Auswahl von Bewerbern ist ein teurer, manchmal sehr teurer Prozess. Vor allem die Vorauswahl, die Erstellung der sogenannten „short list", der interessantesten zwei oder drei Kandidaten für eine Stelle, quält viele Unternehmen so, dass sie versuchen, sie möglichst effizient zu gestalten oder ganz zu umgehen. Die klassische Methode, die Auslagerung auf ein Beratungsunternehmen wurde hier schon angesprochen, aber auch die kostet Geld; allerdings nur für die konkrete Suche, nicht für das ständige Vorhalten der dafür nötigen Kompetenz.

Richtig sparen aber kann man eigentlich nur durch Automatisierung. In der Vergangenheit war es immer noch nötig, Bewerber zu Tests an einen bestimmten Ort zu bringen. Durch das Internet kann ein solcher Test jetzt dezentralisiert und zeitlich entkoppelt werden. Immer mehr Firmen, die die Bewerbungsunterlagen elektronisch verlangen, gestatten die Einreichung erst, wenn man einen Eingangstest bestanden hat. Man erhält dann einen Zugangscode, der die entsprechenden Masken öffnet.

Relativ unbemerkt von der Öffentlichkeit bemühen sich seit Jahren Praxis und Wissenschaft darum, den ultimativen Test für das (Vor-)Auswahlverfahren zu entwickeln. Ein Kaleidoskop psychologischer Fragen ist zu beantworten, Mathematik- und Denksportaufgaben sind zu lösen. Nur wer eine Mindestpunktzahl erreicht, erhält den oben angesprochenen Zugangscode, alle anderen stehen vor der hochgezogenen elektronischen Zugbrücke.

Es ist davon auszugehen, dass die Tendenz zu solchen Vorauswahlen zunehmen wird, insbesondere bei Firmen, die regelmäßig sehr viele Bewerbungen auf ihre Ausschreibungen bekommen.

Ich bin ein leidenschaftlicher Befürworter der Automatisierung, überall dort, wo es um Standard-Prozesse geht. Die Auswahl von Bewerbern folgt den immer gleichen Regeln, dass jedoch die Identifikation insbesondere von Spitzenkräften (jeder hierarchischen Stufe) ein Standardprozess ist, bezweifle ich[1].

---

[1] Aber vielleicht ist das Auswahlverfahren ja nur eine raffinierte Methode der Unternehmen, auf Bewerberseite die Teamarbeit am Computer zu fördern…?

Lebenslaufsynopsen aus einer Maske abzuleiten, ist für die Firmen aber billiger. Und elektronische Unterlagen verbrauchen keinen Platz auf dem Schreibtisch. Sie müssen sich also zunehmend auf elektronische Bewerbungen einrichten, schon heute werden in einigen Berufsgruppen über 50% aller Bewerbungen per E-Mail versandt, in einigen mehr (natürlich besonders im IT-Bereich), in anderen weniger (z.B. Geisteswissenschaftler).

Die Online-Bewerbung

Die Vorteile der elektronischen Bewerbung sind zahlreich und liegen auf der Hand: Sie sind für beide Seiten deutlich günstiger, sie sind mangels Postlaufzeiten schneller, sie sind leichter auszuwerten (oder könnten es sein, siehe unten) und sie erlauben Rückschlüsse auf den Umgang des Bewerbers mit dem Medium Computer.

Die Nachteile sind genauso offensichtlich. Elektronische Auswahlverfahren nivellieren deutlich stärker, sie anonymisieren den Bewerber häufig durch vom Unternehmen vorgegebene Strukturen, und elektronischen Bewerbungen fehlt natürlich jegliche haptische Qualität[1].

Es gilt für elektronische Bewerbungen, was für alle übrigen Bewerbungen auch gilt: Reichen Sie alle gewünschten Unterlagen ein bzw. füllen Sie alle Masken aus, die angeboten werden, und bleiben Sie authentisch. Vorsicht: Elektronische Medien verführen zur Flüchtigkeit, nach einer jüngeren Umfrage bewerten mehr als die Hälfte aller Personaler die Qualität von Online-Bewerbungen als schlechter als die klassischer schriftlicher Bewerbungen. Wenn Sie vorgegebene Masken ausfüllen müssen, haben Sie außerdem deutlich weniger Gestaltungsspielraum als bei Ihrer Papier-Bewerbung. Verwenden Sie bei allen frei zu formulierenden Texten die gleiche Sorgfalt wie bei Bewerbungen auf Papier, auch die gleichen Höflichkeitsregeln mit Anrede und Schlussformel. Und denken Sie daran: Hier verdeckt keine schöne

---

[1] Wir reden über die technischen Möglichkeiten des Jahres 2005, es ist davon auszugehen, dass auch das elektronische Bewerbungsverfahren zunehmend Komponenten enthalten wird, die der Individualität des Bewerbers mehr Raum geben.

Mappe orthographische, grammatische oder stilistische Fehler oder gar inhaltliche Leere.

Bei online versandten Bewerbungen kommt außerdem noch eine neue Klasse möglicher Fehler hinzu. Schräg oder mit unzureichender Auflösung eingescannte Unterlagen, fehlende Unterschriften auf Bewerbung oder Lebenslauf und – für den Empfänger besonders ärgerlich, weil sehr umständlich zu öffnen und zu betrachten – acht bis zehn Anhänge (für jede Unterlage einen eigenen). Je nach verwendeten Programmen kommen dann oft auch noch gigantische Datenvolumina dazu – und schon hat ein Bewerber gezeigt, dass er vom Computer und der elektronischen Kommunikation weniger versteht, als er müsste.

Auch hier: neben der bereits mehrfach geforderten Sorgfalt sollten Sie die Bedürfnisse Ihres Lesers im Auge behalten. Wenn nicht ausdrücklich ein anderes Format verlangt ist, sollte die Bewerbung als pdf (portable document format) versandt werden. Jeder kann pdf-Dateien öffnen und lesen, sie sind nicht versionsabhängig und außerdem – anders als z.B. Word-Dokumente – gegen (versehentliche) Änderungen geschützt. Dafür brauchen Sie einen pdf-Converter. Und natürlich sollte es nur *eine* pdf sein: Sie müssen alle Ihre Unterlagen zu *einer* Datei zusammenfassen.

Eine Umfrage unter mehr als 1.000 Bewerbern hat bestätigt, was ich auch in meinen Trainings immer wieder zu hören bekomme: für die Erstellung einer online-Bewerbung brauchen die meisten Bewerber heute weniger als 45 Minuten. Das wäre an sich schon sensationell schnell; wenn dann diese Bewerbung – von der Adresse abgesehen – unverändert auch noch an 20 Stellenanbieter geht, fällt die statistische Erstellungszeit jedenfalls auf unter fünf Minuten je Bewerbung. Nur besteht die Gefahr, dass der Empfänger noch schneller ist und einen „Vorteil" der Online-Bewerbung hemmungslos nutzt: die Zwei-Klick-Bearbeitung (Löschen und Bestätigen der Löschung).

Paradoxa – die Kür

> Und ich dank' es dem lieben Gott tausendmal, daß er mich zum Atheisten hat werden lassen.
> (Georg Christoph Lichtenberg, *Sudelbücher*)

Bei Bewerbungsschreiben, bei Bewerbungen generell, gibt es neben der Pflicht auch eine Kür. Ist die Pflicht mindestens authentisch, ist die Kür originell. Originell, aber im Rahmen dessen, was noch als Bewerbung erkannt wird. Die Kür absolviert der Eisläufer wie die Pflicht auf dem Eis und auf zwei Kufen. Zwar könnte ein alter Romadur, schön verpackt mit der Aufschrift „mir stinkt mein Job", ein neuer Besen, auf dessen Stiel Ihr Name eingraviert steht, als witzig durchgehen (siehe auch „Witzige Bewerbungen"), beim ersten Mal zweifellos auch als originell (aber nachdem es hier stand, ist es schon nicht mehr originell), solche Bewerbungen wirken jedoch, als führte unser Eisläufer seine Kür auf Rollschuhen im zweiten Rang vor.

Ich bin, wie erwähnt, einmal zu einem Gespräch eingeladen worden, nachdem ich ein Bewerbungsschreiben mit den Worten „ich bin nicht Ihr idealer Kandidat" eröffnet hatte. Die Technik finden Sie häufig in der Werbung. Geben Sie dem anderen (scheinbar) das Gegenteil dessen, was er erwartet. Das ist jedoch nur etwas für Bewerber, die sich ihrer selbst, ihrer Sache und ihrer Sprache sehr sicher sind. Wer seinen ersten Satz mit einem solchen Anspruch ausstattet, der weckt Erwartungen.

Ein Personaler, der in einem Anschreiben nach dem zehnten „hiermit bewerbe ich mich" auf einmal liest „ich bin nicht Ihr idealer Kandidat", der wird aus dem Halbschlaf gerissen, in den ihn das Gleichmaß der Bewerbungen versetzt hatte; er wird in den Text gesogen, mit einer Aussage, die er nicht erwartet hat. Sogleich baut sich die nächste Erwartung auf, dass nämlich dieser Satz mit „aber" weitergehen müsste. Er meint das, schließlich ist er Profi, als besonders abgefeimten Versuch zu erkennen, sich anzupreisen. Natürlich ist es genau das. Wird aber diese Erwartung unmittelbar erfüllt (z.B. mit „aber, ich halte mich für gut geeignet"), fällt besagter Personaler sofort in den Halbschlaf zurück, weil der Kandidat nur scheinbar eine schöne Eröffnung gefunden hat.

Die nächste Erwartung muss also erneut zerstört, der Sog in den Text verstärkt werden. Das geht zum Beispiel, indem man den Satz begründet und Muss-Kriterien verweigert: „Von den geforderten fünf Jahren Berufserfahrung fehlt mir mehr als die Hälfte." Jetzt entscheidet der Leser, dass es dem Bewerber ernst ist. Er fragt sich ob der Verfasser solcher Sätze nur ehrlich oder dämlich oder beides ist. Einer, der nicht schweigend über seine Mängel hinweg geht[1], sondern sie unverfroren offenlegt. Nun wartet er auf die in solchen Fällen meist folgende Entschuldigung (verbunden mit der flauen Versicherung, man sei bereit, zum Ausgleich doppelt so hart zu arbeiten). Es ist also Zeit, ihn wieder zu enttäuschen. „Wenn Sie auf fünf Jahren bestehen, sollten Sie meine Unterlagen aus der Hand legen und sich anderen zuwenden." Wer bis hierher gelesen hat, wird die Unterlagen kaum aus der Hand legen. Aber: So kann man nur vorgehen, wenn man wirklich etwas für die Stelle anzubieten hat, dieses Angebot aber stark von den in der Ausschreibung geäußerten Erwartungen abweicht.

Es gibt auch die Möglichkeit der Scheinparadoxie, Ehrlichkeit durch die Hintertür: „Ihrer Anzeige entnehme ich", [bis hierher ist das ein klassischer Gähn-Satz], „dass Sie keinen Wert auf glatte Lebensläufe legen", [? – das stand doch so nicht in der Anzeige?]. „Hätte ich die von Ihnen geforderte ‚Erfahrung' damit falsch ausgelegt, sollten Sie sich meinen Lebenslauf lieber nicht anschauen." Wer wollte nach einem solchen Satz (sich) noch zugeben, dass er genau die Stromlinie gesucht hatte, die Sie ihm gerade verweigern.

Sollte Sie beim Lesen der letzten Absätze ein Gefühl beschlichen haben, so dürfe man doch keine Bewerbung anlegen, dann Finger weg davon. Es gibt jede Menge Möglichkeiten, ausgezeichnete geradlinige Bewerbungen zu erstellen. Wenn Sie auch sonst Doppeldeutigkeiten, Ironie, Paradoxien ablehnen oder sich gar darüber ärgern, dann sollten Sie es nicht ausgerechnet bei Bewerbungen versuchen. Zumal Sie sich sehr genau anschauen müssen, wer der Adressat Ihrer Bewerbung ist. Selbst wenn eine Firma offensichtlich paradoxe Werbung für ihre Produkte macht, heißt das nicht, dass

---

[1] Ich habe nicht vergessen, dass ich Ihnen genau das geraten hatte, aber keine Regel ohne Ausnahme…

dieser Geist die ganze Firma beherrscht. Gerade die Mitarbeiter von Firmen mit einer originellen Werbung müssen oft die meist nicht ganz so gelungene „Antwort"-Witzigkeit (nicht nur) von Bewerbern aushalten.

Die Kür ist jedoch gerade etwas für alle die, deren ganz normale Lebensläufe von Anderen als Handicap (siehe auch dort) angesehen werden, was nicht schlimm wäre, wenn nicht immer noch viele dieser Anderen die Entscheidungsbefugnis hätten. Besonders schwierig wird es dann, wenn man im Wettbewerb zu den stromliniengeformten Überfliegern steht. Dann kann man so deutlich machen, dass Überflug nicht unbedingt die beste Art ist, den Dingen auf den Grund zu gehen.

Trennungsabsicht

Es hat schon oft die Arbeitsgerichte beschäftigt, ob die Bewerbung eines Mitarbeiters bei anderen Firmen ein Kündigungsgrund für den Arbeitgeber sei. Die Antwort darauf ist klar „Nein" – solange dieser Mitarbeiter dabei nicht einen Wettbewerbsverstoß begeht, also seinen Arbeitgeber schlecht macht, Kollegen zum Mitgehen auffordert, durch seine Abwanderungsabsicht gezielt Unruhe ins Unternehmen bringt oder ähnlich Unschönes.

Meine erste Chefin im Personalwesen hat mir mitgegeben: Wer ein Unternehmen nach drei Jahren verlässt, der hat, wenn er gut war, seiner Firma mehr gebracht als genommen. Wer nach sieben Jahren noch immer auf derselben Stelle sitzt, der nimmt wahrscheinlich schon wieder mehr als er gibt.

Sie hat es nicht so drastisch formuliert, die sieben Jahre waren wohl auch mehr eine symbolische Zahl, denn natürlich gibt es Personen und Stellen, die länger als sieben Jahre zusammenpassen und die sich gemeinsam über längere Zeit weiterentwickeln. Was mir heute, mehr noch als vor 20 Jahren, einleuchtet, ist die Botschaft: Veränderung ist für Unternehmen und Mitarbeiter gut – auch und gerade, wenn man erfolgreich zusammengearbeitet hat.

Die klassisch deutsche Karriere vom Azubi zum Firmenchef, der sogenannte Kaminaufstieg, wird zum Auslaufmodell. Ich habe in meinem bisherigen Berufsleben ein paar Kaminaufsteiger getroffen und sie haben mich nicht überzeugt, um es zurückhaltend zu formulieren. Meine Kritiker mögen mir vorhalten, das hinge damit zusammen, dass ich Karriere auch durch Wechsel des Unternehmens, ja der Branche, gemacht habe und hier meinen Lebensentwurf verallgemeinern wolle. Vielleicht. Ich will nur zu bedenken geben, dass die Zeiten, als 40 Jahre Firmenzugehörigkeit als Leistung nicht nur des Arbeitnehmers sondern vor allem auch des Arbeitgebers gefeiert wurden, zu Ende gehen. Ein großer Arbeitgeber, der zum Teil noch im Besitz der Öffentlichen Hand ist und besonders im Strukturwandel kämpft, wirbt zwar noch um Auszubildende mit dem Slogan:„Wer eine Zukunft hat, kann auch eine anbieten" und suggeriert damit Verlässlichkeit und Optimismus. Und doch ist dieser Slogan nur noch das trotzige Echo einer längst vergangenen Zeit.

Selbst große Elektrokonzerne, Versicherungen und (ehemals) staatliche Unternehmen können, anders als früher, ihren Mitarbeitern nicht mehr verlässlich zusagen, sie bis zum Ende ihres Berufslebens beschäftigen zu können, zumal das Ende des Berufslebens zukünftig deutlich später liegen wird als heute.

Die Erkenntnis muss sich erst noch durchsetzen, dass Fürsorgepflicht in Unternehmen heute heißt, Mitarbeiter (arbeits)marktfähig zu halten. Das steht in unmittelbarem Zusammenhang mit dem Recht des Mitarbeiters, seine eigene Marktfähigkeit ab und an zu überprüfen (was nur durch Bewerbung bei fremden Unternehmen geht) und dann evtl. auch zu wechseln. Jedes Unternehmen, das über in diesem Sinne qualifizierte Mitarbeiter verfügt, zieht solche auch wieder an und ist damit deutlich flexibler als die Konkurrenz.

Es gibt schwache Vorgesetzte, die durch ihr Verhalten einen hohen Abwanderungsdruck erzeugen und dann persönlich beleidigt sind, wenn sie feststellen, dass sich Mitarbeiter wegbewerben. Wer sich bewirbt, muss damit rechnen, dass sein Chef davon erfährt und riskiert also, diesen zu kränken. Viele Bewerber, die Sanktionen fürchten, bitten den potenziellen neuen Arbeitgeber in mehr oder weniger drastischen Formulierungen um Vertraulichkeit (siehe z.B. oben das Musteranschreiben), oft genug sogar dann, wenn es sich um eine andere Abteilung im selben Unternehmen und damit eine interne Bewerbung handelt.

Auch wenn es den einen oder anderen überrascht: Das macht keinen guten Eindruck. Profis werden sich ohne Genehmigung des Bewerbers ohnehin nicht an den bisherigen Arbeitgeber wenden, die Übrigen interessiert die Bitte um Vertraulichkeit nicht. Unabhängig davon erweckt diese Bitte den (richtigen) Eindruck, dass man mit dem bisherigen Arbeitgeber kein sehr vertrauensvolles Verhältnis hat. Gerade wenn man einem seinerseits misstrauischen Geist begegnet, wird der sich sofort fragen: Wird mich dieser Bewerber eines Tages auf die gleiche Weise verlassen?

Sie sollten natürlich nicht zu ihrem heutigen Chef ins Büro marschieren, um ihm zu erklären, dass Sie sich jetzt wegbewerben würden. Aber wenn Sie die Entscheidung treffen, sich in einem anderen Unternehmen zu bewerben, sollten Sie auch entscheiden, es auszuhalten, wenn das ruchbar würde.

Besonders erstaunt haben mich die vielen Bewerber, die um Vertraulichkeit baten, dann aber ihr E-Mail-Account *bei* ihrem Arbeitgeber als Kontaktadresse angaben. Auch wenn ich mich als Chef eher zu den verständnisvollen zählte und überzeugt bin, dass der Aufbruch zu neuen Ufern legitim ist, heißt das nicht, dass ich meinen Mitarbeitern dazu mein Boot (oder das des von mir vertretenen Unternehmens) zur Verfügung stellen wollte[1].

Und dann gibt es da noch die taktische Trennungsabsicht. Sie haben seit drei Jahren keine Gehaltserhöhung bekommen, Ihr Chef lobt Sie, übergeht Sie aber bei jeder Beförderung. Sie wollen nicht wirklich weg, die Stelle ist interessant, die Kollegen angenehm und der Chef ansonsten erträglich. Sie sind auch der festen Überzeugung, eine Schlüsselkraft zu sein. Natürlich können Sie zu Ihrem Chef gehen (und haben das vielleicht auch schon ge-

---

[1] Als ich eines Samstags fünf Kopien vollständiger Bewerbungsunterlagen eines Mitarbeiters im Kopierer fand, die er dort offensichtlich vergessen hatte, habe ich uns beiden den Trennungsschmerz verkürzt und seine Bemühungen damit wohl deutlich intensiviert. Vertraulichkeit war für ihn mangels Arbeitgeber plötzlich nicht mehr nötig. Wer sich wegbewirbt, sollte sich dafür nicht rechtfertigen müssen, wer dazu jedoch auf die Büro-Infrastruktur seines bisherigen Arbeitgebers zurückgreift, macht auch beim potenziellen neuen Arbeitgeber keinen guten Eindruck (und verstößt, nebenbei gesagt, gegen die Nebenpflichten aus seinem Arbeitsvertrag).

tan), um eine Gehaltserhöhung oder die Beförderung einzufordern. Der erklärt Ihnen wortreich und freundlich, dass er darauf leider keinen Einfluss habe, die Personalabteilung, die Firmenpolitik, die Marktlage des Unternehmens – es gäbe eine ganze Reihe von Gründen, warum mehr Gehalt derzeit nicht möglich sei.

Dann ist ein unterschriftsreifer Vertrag eines anderen Arbeitgebers mit 20% Gehaltserhöhung ein schlagendes Argument. Das ist legitim (wenngleich beide Arbeitgeber sich sicher nicht darüber freuen). Aber auch hier: Authentizität ist alles. Drohen Sie nur mit einer vorhandenen Keule. Sie sollten diesen unterschriebenen Arbeitsvertrag wirklich haben, und Sie sollten ernsthaft bereit sein zu wechseln. Sonst könnten Sie zum Opfer Ihres Bluffs werden und damit Ihre Glaubwürdigkeit zum Teufel schicken[1].

Auch wenn Sie Erfolg hatten, weil Sie wirklich eine Schlüsselkraft sind und weil Sie ein echtes Alternativangebot hatten: Spätestens jetzt hat Ihr Abschied begonnen. Denn jeder vernünftige Vorgesetzte oder Arbeitgeber wird wissen, dass er Sie auf Dauer nicht halten kann und sich um den Aufbau eines Nachfolgers kümmern. Ist die Zusammenarbeit wirklich vertrauensvoll, kann man eine Entwicklungsplanung für Sie (vielleicht auch innerhalb des Unternehmen) abstimmen und den Nachfolger gemeinsam aufbauen.

50mal beworben und noch nie eine Absage bekommen?
Früher bewarb man sich und erhielt darauf leider relativ häufig eine Absage. Inzwischen bekommt man häufig *keine* Absage. Online-Bewerbungen werden in der Regel mit einem automatisierten Zwischenbescheid beantwortet,

---

[1] Einmal kam eine Mitarbeiterin zu mir, mit der Behauptung, sie habe ein anderes Angebot, wolle gerne bleiben, aber der andere Arbeitgeber habe ihr 15% mehr geboten. Sie müsse also eine Gehaltserhöhung von mindestens 10% haben, um bleiben zu können. Ich hatte es, harmoniesüchtig, wie ich auch sein kann, bis dahin nicht fertig gebracht, mit ihr ihre Minderleistung kritisch zu besprechen. Jetzt schienen Ostern und Weihnachten auf einen Tag zu fallen, ich erzählte ihr alle oben aufgeführten Gründe dafür, dass eine Gehaltserhöhung unmöglich sei und heuchelte (allerdings wirklich nur kurz) mein Bedauern über ihren bevorstehenden Weggang. Sie ahnen es: Anschließend waren wir beide bitter enttäuscht; sie, weil sie ohne Gehaltserhöhung, ich, weil sie überhaupt blieb.

der den Eingang der Bewerbung bestätigt und freundlich darauf hinweist, dass man sich bald mit dem Bewerber in Verbindung setzen werde. Ende des Austauschs.

Im Hintergrund läuft – vielleicht – ein Auswahlprozess, der irgendwann mit einer Einstellung endet und vielleicht mit einer Absage an den kleinen Kreis der eingeladenen Kandidaten, davon bekommt die große Gruppe der übrigen Bewerber nichts mit. Heute melden sich selbst große Unternehmen nicht mehr – Absage durch Zeitablauf.

Nun ist nachvollziehbar, dass gerade bei einer großen Zahl an Bewerbungen Absagen zu einem Kostenproblem werden. Und die Zahl der Bewerbungen ist in den letzten Jahren gewaltig gewachsen. Die deutschen Top-Unternehmen erhalten nach eigenen Angaben bis zu 250.000 Bewerbungen im Jahr, die meisten davon unaufgefordert – man kann sich ausrechnen, was der Versand individueller Absagen kosten würde. Dass auf Initiativbewerbungen bei fehlendem Interesse keine Antwort kommt, wäre vielleicht noch einzusehen. Gut ist es nicht. Für Bewerber ist keine Rückmeldung noch frustrierender als eine Absage.

Gerade wenn Sie beherzigen, was Sie hier in langen dunklen Nachtstunden gelesen haben, dann wächst Ihnen jede Bewerbung ans Herz. Und Freunde hinauszuschicken, nur um nie wieder von ihnen zu hören, tut weh. Man weiß sozusagen nicht, ob sie gestorben sind und kann entsprechend nicht um sie trauern, selbst wenn nach spätestens sechs Wochen jede Hoffnung stirbt. (Natürlich dauert es oft länger, bis ein Auswahlprozess abgeschlossen ist, aber nach sechs Wochen ohne Antwort kann man in der überwiegenden Mehrzahl der Fälle davon ausgehen, dass nichts mehr kommt.)

Wer jedoch durch Ausschreibung Unterlagen anfordert, der hat sie zurückzusenden, wenn er sie nicht mehr braucht. Mit Unterstützung moderner Textverarbeitung sind auch die Kosten für eine Standard-Absage verhältnismäßig gering, insbesondere nach elektronischen Bewerbungen. Natürlich können Sie mit zurückgereichten Unterlagen nicht viel anfangen (schließlich sollen Sie sie ja nicht zweimal verwenden), aber bei der Frage nach Absage oder Schweigen geht es um die Botschaft dahinter, die Missachtung durch die Unternehmen, die sich in dieser Unterlassung ausdrückt. Klartext: Man muss von Verwahrlosung dieser Unternehmens sprechen.

Leider werden Sie das auch von Unternehmen erleben, deren Geschäftszweck die Beschaffung von Personal ist: Ich kenne namhafte Personalberatungen, deren Bewerberbetreuung (früher sprach man sogar vom „handholding") ausgesprochen schlampig geworden ist. Die früher übliche Teilung aller Unterlagen in drei Stapel: Einladen, Vertrösten, Absagen ist wohl ersetzt worden durch zwei Stapel: Einladen und Vergessen; wobei letzterer offensichtlich gleich im Schredder landet[1].

Die sich am Arbeitsmarkt so aufführen, kann man nur als geschichtsvergessene Gesellen mit soziographischer Blindheit bezeichnen. Der Arbeitsmarkt wandelt sich, für eine ganze Reihe von Berufen gibt es bereits mehr Stellen als Bewerber[2]. Firmen, die den Ruf einer schlechten Personalpolitik haben (und die beginnt bei der Einstellung) werden in den knapper werdenden Arbeitsmärkten der Zukunft einen schweren Stand haben.

Das Response-Element in der Bewerbung

Aber bevor Sie sich jetzt zurücklehnen und in meine Schelte mit einstimmen: Sie können als Bewerber das Ihre tun, um Antworten zu erhalten. Wer Fließbandbewerbungen schreibt, verwirkt das Recht auf eine Antwort. Alle anderen können wieder vom Direktmarketing lernen. Platzieren Sie Ihre Adresse und Ihre Telefonnummer an prominenter Stelle in der Bewerbung (z.B. auf dem Deckblatt...) wiederholen Sie Ihren Namen auf jeder Seite Ihrer Bewerbung. Es kann sinnvoll sein, z.B. die eigene Telefonnummer neben den Namen zu setzen – beides auf dem unteren Seitenrand, denn dort verharrt der Blick wenn er das Papier durcheilt hat.

---

[1] Einige Verantwortliche auch großer Firmen meinen derzeit, der Arbeitsmarkt erlaube eine solche Behandlung von Bewerbern. Dabei hätte die Globalisierung hier mal einen Anspruch amerikanischen Personaler nach Deutschland bringen können: „If you can't employ him, make him a friend."

[2] Wir werden in Zeiten zunehmender Automatisierung auch im Dienstleistungssektor zwar kaum zusätzlichen Bedarf an angelernten Tätigkeiten erleben. Bei vielen qualifizierte Berufen besteht jedoch schon heute ein Mangel, der sich in den nächsten Jahren sukzessive verschärfen wird.

Und was spricht dagegen, einer Initiativbewerbung z.B. bereits eine adressierte und ausreichend frankierte Antwortkarte beizulegen, vielleicht mit folgenden alternativen Antwortvorgaben:

> ☐ Wir wollen Sie kennen lernen, bitte besuchen Sie uns am … um … Uhr
> Ihr/e Ansprechpartner/in ist Frau/Herr …. Telefon…..
>
> ☐ Wir hätten vor einer Einladung gerne noch folgende Unterlagen von Ihnen
> ……………………………
>
> ☐ Wir haben derzeit keine Ihrer Qualifikation entsprechende Stelle, möchten Ihre Bewerbung jedoch für zukünftige Vakanzen aufbewahren. Rufen Sie uns in spätestens … Monaten unter folgender Telefonnummer an …

Das wird teuer? Mag sein. Aber zum einen reduzieren Sie Streuverluste ja durch die Recherche, die Sie vor Bewerbungsversand betreiben werden, zum anderen erhöhen Sie durch dieses Response-Element die Wahrscheinlichkeit, eine Antwort zu bekommen.

Vom Telefonieren

Früher gab es eine Menge Diskussionen um die Frage, ob man einer Bewerbung „hinterhertelefonieren" sollte und bis vor wenigen Jahren habe ich eher davon abgeraten, einfach, weil viele Bewerber am Telefon nicht sehr überzeugend wirken. Die Einführung der Mobiltelefonie und die mit ihr verbundene Entwicklung der Kommunikation hin zu mehr und besser geübter (Fern)-Mündlichkeit einerseits und die Gefahr, dass die eigene Bewerbung im großen Stapel sich nicht besonders abhebt, sprechen inzwischen eher dafür, sich telefonisch in den Vordergrund zu stellen.

Beachten Sie aber: Der erste Eindruck entscheidet. Und während Sie bei einer persönlichen Begegnung gleich über vier Sinne bei Ihrem Gesprächspartner „einfallen" können – Augen, Ohren, Nase, Tastsinn –, setzen Sie beim Telefonieren alles auf eine Karte: die Ohren. Wenn Sie wissen, dass Sie eine gute Telefonstimme haben oder gar hypnotisch am Telefon wirken, dann kann es durchaus sinnvoll sein, den Hörer abzunehmen. Das allein

reicht jedoch nicht, man sollte etwas zu sagen (oder zu fragen) und sein Telefonat gut vorbereitet haben. Anrufen ist sinnvoll wenn:
- es in der Anzeige gefordert ist (es gibt nicht wenige Anzeigen, die zu einem Anruf *vor* der Bewerbung auffordern);
- aus der Anzeige nicht klar wird, wie die Bewerbung aussehen soll (sehr gefährlicher Grund, oft erweisen sich solche Fragen als Bumerang, weil man nicht genau gelesen hat);
- Sie vor einer Initiativbewerbung stehen, um die Stellensituation und den richtigen Ansprechpartner zu recherchieren (auch hier Vorsicht, wer einfach so anruft, kann sich darauf verlassen, abgewimmelt zu werden, Informationen gewinnt man wie gesagt besser über Informanten);
- die Bewerbungsfrist abgelaufen ist oder – wo keine festgelegt war – 14 Tage nach der Ausschreibung vergangen sind, ohne dass Sie eine wie auch immer geartete Antwort erhalten haben;
- seit dem letzten Zwischenbescheid mehr als vier Wochen vergangen sind, ohne dass Sie weitere Zwischenbescheide oder eine Einladung erhalten haben;
- Sie in einem Bewerbungsgespräch eine telefonische Rücksprache vereinbart haben, es aber versäumt haben, zu klären, wer wen anruft (nicht beleidigt abwarten, selbst den Hörer in die Hand nehmen).

Wer zu einem Bewerbungsgespräch eingeladen ist und nicht gute Gründe dafür hat, sollte dagegen auf einen Anruf verzichten und auf den Tag des persönlichen Kennenlernens warten, er hat die erste Hürde ja schon genommen. Kluge Interviewer lassen sich ohnehin nicht auf Telefon-Gespräche mit den Kandidaten ein, um sich nicht den „Geschmack" zu verderben für das persönliche Kennenlernen. Es wird nicht einfach, zum richtigen Gesprächspartner durchzudringen, wenn Sie ihn überhaupt kennen.

Darüber hinaus gibt es Bewerbungssituationen im besonderen Umfeld, die eine telefonische Kontaktaufnahme sinnvoll machen. Wer sich z.B. auf eine Stelle an einer Hochschule bewirbt, der muss in der Regel eine Probevorlesung halten. Wenn nicht klar ist, welche Hilfsmittel erlaubt sind (nur Tafel oder moderne Präsentationsmedien) oder wie viel Zeit zur Verfügung steht, muss man vorher telefonieren.

Gerade bei Institutionen der Öffentlichen Hand mit vorgegebenen Geschlechterquoten können Frauen ihre Chancen evtl. dadurch erhöhen, dass sie bereits vorher Kontakt mit der Frauenbeauftragten suchen, um zusätzliche Informationen zu gewinnen und sich ihr vorab bekannt zu machen. Die Klärung genau dieser Umstände und die Frage, ob ein Telefonat sinnvoll erscheint, gehören zur Vorbereitung der eigentlichen Bewerbung.

Das Anrufen bei Firmen, deren Sparkurs inzwischen den Umgang mit Bewerbern beeinträchtigt, empfiehlt sich auf jeden Fall. Zum einen hilft es vielleicht, das schriftliche Kommunikationsverhalten dieser Firmen wieder etwas zu verbessern, wenn eine möglichst große Zahl von Bewerbern sich telefonisch meldet. Und zum anderen kann man auch durchaus positive Überraschungen erleben.

Da sitzt jemand verzweifelt über 400 Bewerbungen – gerade in dem Augenblick, als Sie anrufen und sich nach Ihrer Bewerbung erkundigen. Sie kommen gut ins Gespräch und plötzlich liegt Ihre Bewerbung ganz oben auf dem Stapel[1]. Oder man hatte sich nicht mit Ihnen in Verbindung gesetzt, weil Ihre Unterlagen auf dem Postweg verschwunden waren. Das muss nicht an der deutschen Post liegen, das Problem kann auch der interne Postlauf des Unternehmens sein. Ein solcher Totalverlust in der Flut der Bewerbungen ist nicht mehr so selten.

In einem Ratgeber las ich, man könne das Telefon auch dafür nutzen, sich spontan bzw. initiativ einen Vorstellungstermin zu verschaffen, zum Beispiel mit dem Hinweis, man sei gerade in der Nähe (bzw. am folgenden Montag ohnehin in der betreffenden Stadt), manchem Personaler falle es schwer, auf ein so konkretes Angebot „Nein" zu sagen. Ich will nicht ausschließen, dass das im Einzelfall sogar gelingen kann[2]. Wenn Sie allerdings am Telefon so gut sind, dass Sie das nicht nur wagen, sondern erfolgreich zu Ende bringen, dann brauchen Sie keinen Bewerbungsratgeber, Sie gehören

---

[1] So gerade bei einem Teilnehmer eines meiner Bewerbungstrainings geschehen.
[2] Und erinnere mich auch an zwei entsprechende Versuche von Bewerbern bei mir, die ich allerdings abschlägig beschieden habe, einfach, weil ich keine Zeit hatte.

zur kleinen Gruppe der Vertriebsbegabungen, die in schwierigen Zeiten in nahezu allen Branchen gesucht werden, die formale Ausbildung, Zeugnisnoten etc. spielen in der Regel keine große Rolle. Anders formuliert: Sie sollten kein Problem haben, eine Stelle zu finden.

Für die, die keine Profis im Vertrieb sind, gilt: Vorbereitung ist alles. Notieren Sie sich in Stichpunkten oder – falls nötig – in ganzen Sätzen[1], was Sie am Telefon sagen wollen. Schreiben Sie sich die Namen aller Ihrer Ansprechpartner auf und notieren Sie sich, wann Sie mit wem gesprochen haben. Lassen Sie sich am Telefon den Namen buchstabieren, wenn Sie ihn nicht verstanden haben oder fürchten müssen, ihn falsch zu schreiben. Müller ist ein orthographisch einfacher Name, ~~Schmitt~~, ~~Schmidt~~, ~~Schmid~~, ~~Schmied~~, Schmit nicht. Fragen Sie nach dem Vornamen, vor allem wenn Sie Ihrem Gesprächspartner etwas zuschicken wollen. Ich erlebe eine merkwürdige Scheu davor, nach dem Namen zu fragen, dabei gibt es kein dankbareres Thema für jeden Menschen, ist doch unser Name unser liebstes Wort[2]. Sprechen Sie Ihren Gesprächspartner ein- oder zweimal mit dem Namen an, das hilft, sich den Namen zu merken, klärt Missverständnisse gleich auf und freut Ihren Gesprächspartner.

Über Fristen

Taktiker diskutieren gerne die Frage, zu welchem Zeitpunkt man auf eine Anzeige reagieren sollte. Ob es nicht beflissen aussähe, wenn am Samstag die Anzeige in der Zeitung ist und am Dienstag schon die Bewerbung im Unternehmen, ob nicht von unten gestapelt und damit eine späte Bewerbung ganz oben landen würde.

Vergessen Sie alle Taktik: Auf Stellenanzeigen sollte man sich umgehend bewerben, spätestens nach zehn Tagen, in Urlaubszeiten (Sommer, Weihnachten) ist nachvollziehbar, dass es auch mal drei Wochen dauert. Rein statistisch gehen die meisten Bewerbungen zwischen dem dritten und dem

---

[1] Nicht, um diese abzulesen, sondern um sie vorher so intensiv zu üben, dass sie glatt von der Zunge gehen!
[2] Und deshalb sehen wir ihn ungern falsch geschrieben.

siebten Tag nach der Anzeige ein, spätestens nach zehn Tagen versiegt der Strom zum Rinnsal. Wenn es – wie häufig bei der Öffentlichen Hand – eine ausdrückliche Bewerbungsfrist gibt, dann endet die Möglichkeit, sich zu bewerben, zwar erst am letzten Tag der Frist. Auf der sicheren Seite ist aber, wer dem alten Sprichwort „der frühe Vogel fängt den Wurm" folgt, denn natürlich könnten – je nach Dringlichkeit der Stellenbesetzung und Qualität der frühen Bewerber – die ersten Einladungen zum Vorstellungsgespräch schon kurz nach Eingang der ersten Bewerbungen hinausgehen.

Trotz der gebotenen Schnelligkeit darf die Qualität nicht leiden. Sorgfalt ist gefordert, die *Fehlerfreiheit* von Anschreiben und Lebenslauf, vollständige Unterlagen – man kann es nicht oft genug betonen.

Bevor Sie sich allerdings auf Online-Anzeigen bewerben, müssen Sie klären, wann sie ins Netz gestellt worden sind. Oft genug ist das Datum nicht genau nachzuvollziehen – und dann stehen Sie schon mal vor dem Problem, nicht zu wissen, ob eine Ausschreibung drei Tage, drei Monate oder gar drei Jahre alt ist. Da ist nicht auszuschließen, dass Ihr Anruf mitten in die Feier des ersten Firmenjubiläums desjenigen Mitarbeiters hineinplatzt, der die immer noch ausgeschriebene Stelle bekommen hat. Gibt es bei einer solchen undatierten Ausschreibung keine Kontaktmöglichkeiten, sollten Sie sich die Mühe einer Bewerbung sparen.

Das Warten auf Reaktionen zerrt in der Regel etwas an den Nerven, vor allem wenn man arbeitslos ist. Der gesamte Prozess einer Stellenbesetzung kann sich jedoch leicht über sechs Monate hinziehen. Nicht selten werden Stellen ausgeschrieben und vor Besetzung gestrichen. Oder umgewidmet. Oder das Management kann sich nicht entscheiden. Oder, oder, oder. Dennoch sollten Sie spätestens, wenn Sie zwei Wochen nach Ihrer Bewerbung nichts gehört haben, telefonisch nachhaken. Auch wenn Sie einen Zwischenbescheid ohne Zeitangaben und Termine erhalten haben, sollten Sie zwei bis drei Wochen nach diesem Bescheid Kontakt aufnehmen.

Das Auswahlverfahren

Nach der Einladung

Herzlichen Glückwunsch, Sie haben die erste Hürde genommen. Jetzt heißt es: Keine Panik. Auf Bewerbungsgespräche kann man sich vorbereiten.

Zunächst einmal: Prüfen Sie, für welchen Termin Sie eingeladen sind. Passt er in Ihren Kalender? Wenn nicht, warten Sie nicht, vereinbaren Sie einen alternativen Termin. Sie sollten Termine jedoch nicht leichtfertig verschieben, oft sind an einem Tag in relativ kurzem Abstand mehrere Gespräche mehrerer Bewerber eng verzahnt organisiert worden.

Und dann geht die Vorbereitung richtig los. Spätestens jetzt wird es Zeit, sich Informationen über das Unternehmen zu beschaffen (eigentlich müssten Sie das meiste ja schon haben) und zu verinnerlichen. Nicht selten ist zu lesen, man solle vorher anrufen. Wenn Sie bis dahin nicht im telefonischen Kontakt waren (siehe oben, „Vom Telefonieren"), warum jetzt? Nur, wenn Sie auf diese Frage eine schlüssige Antwort geben können, sollten Sie jetzt noch anrufen. Eine Wegbeschreibung ist jedenfalls kein Grund für den Griff zum Telefon, die Frage nach dem Geschäftsbericht nur, wenn dieser wirklich eine Relevanz für die Bewerbung und das Vorstellungsgespräch hat.

Kaum Profis in der Personalauswahl

Die Einstellung neuer Mitarbeiter gehört zu den teuersten Entscheidungen in Unternehmen. Man sollte meinen, dass dafür ein besonderes Maß an Professionalität aufgebaut oder von außen eingekauft würde. Schließlich wird die Anschaffung einer neuen Software, die oft nur einen Bruchteil der Investition in einen neuen Mitarbeiter ausmacht und noch dazu innerhalb weniger Jahre abgeschrieben werden kann, von Fachgremien und Clearing-Institutionen vorbereitet[1].

Personalbeschaffung ist dagegen meist ein Stiefkind. Natürlich gibt es, gerade unter den ganz Großen, einige, die die Personalbeschaffung professio-

---

[1] Und trotzdem kommt es noch oft genug zu spektakulären Fehlentscheidungen.

nalisiert haben. Sie schulen Führungskräfte und bereiten sie auf die scheinbar unlösbare Aufgabe vor, innerhalb weniger Stunden eine Entscheidung zu treffen, die das Unternehmen auf viele Jahre beeinflusst.

Aber in der Mehrzahl der Unternehmen ist das den Verantwortlichen kaum bewusst. Da wird nonchalant oder trotzig auf die Probezeit verwiesen, die dann ebenfalls nicht professionell genutzt wird[1]. Zudem bringt die Probezeit unter Kostenaspekten relativ wenig. Eine einzige Fehleinstellung, die in dieser Zeit zu einer Trennung führt, kostet laut einer gängigen Faustformel den Gegenwert zweier Jahresgehälter des neuen Mitarbeiters. Eine Verlängerung der Probezeit würde diese Kosten nicht senken sondern weiter in die Höhe treiben. Und es sollte spätestens nach einem halben Jahr entscheidbar sein, ob ein Mitarbeiter seiner Aufgabe gerecht wird, das Team verstärkt, ins Unternehmen passt. Wer das nicht kann, entlarvt sich als ungeeignet für die Mitarbeiterführung.

Entscheidungsmuster der Personalauswahl
Beiden Seiten ins Stammbuch geschrieben: Es gibt nur vier mögliche Entscheidungen bei der Personalbeschaffung (und in anderen Zusammenhängen): Die richtig positive, die richtig negative, die falsch negative und die falsch positive Entscheidung.

Natürlich gibt es auch die Pseudo-Entscheidung, die erneute Einladung, um sodann entscheiden zu wollen. Die erneute Einladung kann aber nur dazu dienen, den Kandidaten mit weiteren Entscheidern zusammenzubringen[2] und die Details der Zusammenarbeit, sprich den Arbeitsvertrag auszuhandeln. Werden mehr als drei Kandidaten ein zweites Mal eingeladen (bis zu drei, weil man damit rechnen muss, dass zwei ihrerseits absagen), hat man ein Indiz für Entscheidungsverweigerung.

---

[1] Ich habe es häufig erlebt, dass Vorgesetzte das erste halbe Jahr, während dessen das Kündigungsschutzgesetz noch nicht greift und das meist als Probezeit genutzt wird, zunächst nicht zur laufenden Beurteilung nutzten. Wurden sie gegen Ende aufgefordert, eine Bewertung abzugeben, empfanden sie den Beurteilungszeitraum als viel zu kurz.
[2] Oft genug, um die Verantwortung zu diffundieren, eigentlich aber, um zu prüfen, ob die Chemie mit allen funktioniert, mit denen der neue Mitarbeiter eines Tages zusammenarbeiten soll.

Zurück zu den echten Entscheidungen. Die Kunst aller Personalauswahl (und aller Bewerbung) besteht letztlich darin, dass man mit hinreichender Sicherheit richtig positive und richtig negative Entscheidungen trifft, falsch negative möglichst und falsch positive sicher vermeidet.

Nur die falschen muss man sich näher anschauen: Falsch negative Entscheidungen werden jeden Tag getroffen. Eigentlich geeignete Kandidaten, Lösungen, Ideen werden verworfen, weil man fälschlich glaubt, gute Gründe gegen sie zu haben oder weil man schlicht nicht genügend Sicherheit hat, sich für sie zu entscheiden. Falsch negative werden in erster Linie aus Angst vor falsch positiven Entscheidungen getroffen und haben damit letztlich die gleiche Berechtigung wie richtig negative Entscheidungen, allerdings nur, solange noch richtig positive Entscheidungen möglich sind. Denn natürlich kann ich jede falsch positive Entscheidung dadurch verhindern, dass ich immer negativ oder eben gar nicht entscheide.

Fehlervermeidung durch Nicht-Entscheidung ist auf der Führungsebene das Äquivalent zur Fehlervermeidung durch Nicht-Arbeiten auf Sachbearbeiter-Ebene. Je unübersichtlicher die Zeiten (scheinbar) werden, um so weiter verbreitet sich diese Form der Fehlervermeidung. Die Alternative wäre: mehr Selbstvertrauen und die Bereitschaft, sich intensiv mit dem Anderen, dem Fremden auseinanderzusetzen. Ganz altmodisch durch Lernen und ganz innovativ durch das Sammeln von Informationen.

Stattdessen gibt es in dem tiefen Misstrauen gegenüber den menschlichen, und das heißt immer gegenüber den eigenen, Fähigkeiten zunehmend das Bemühen, den „menschlichen" Faktor auszuschalten, mindestens jedoch in seiner Bedeutung zu mindern. Automatisierte Prüfungen jeder Art werden dem eigentlichen Auswahlprozess vorgeschaltet. Das am weitesten vorgelagerte Verfahren ist das Testen über Internet vor einer Online-Bewerbung (siehe oben, „Die Online-Auswahl").

Sonstige Testverfahren (ACs, Probeaufgaben etc.)
Neben Online-Tests und dem klassischen Vorstellungsgespräch gibt es verschiedene zum Teil umfangreiche Auswahlelemente und-verfahren. Liest

man die gängigen Ratgeber, dann könnte man den Eindruck bekommen, *das*, oder mindestens *ein* Standardauswahlverfahren sei das Assessment Center (AC). Personalverantwortliche schreiben ihm Wunderdinge zu, wenn es um die Validität der Ergebnisse geht. Tatsache ist, dass die Ergebnisse nur geringfügig besser sind, als die von Auswahlgesprächen es wären, wenn letztere denn gut vorbereitet würden. (Wir kommen darauf zurück.) Entsprechend groß ist die Furcht vieler Bewerber vor diesem Verfahren, dabei leisten sich nur wenige vor allem größere deutsche Firmen ACs, und dann meist nur, wenn gleichzeitig mehrere Stellen besetzt werden sollen.

Das AC, Anfang des 20. Jahrhunderts entwickelt, um Offiziere auszuwählen, besteht in der Regel aus Einzel- und Gruppenaufgaben. Die Einzelaufgaben sind oft schlichte Wissenstests: Fragen zur Mathematik und zur Betriebswirtschaft, manchmal auch zur Allgemeinbildung. Dazu kommen oft psychologische Tests und Aufgaben aus der Unternehmens"wirklichkeit". Dann gilt es, einen Postkorb leer zu arbeiten oder in einer Gruppendiskussion mit verteilten Rollen zu begründen, warum man als Marketingchef den neuen Dienstwagen vor allen anderen für sich zu beanspruchen hätte. Oft kommt noch eine Präsentation der eigenen Person, zu einem vorgegebenen oder selbstgewählten Thema und immer auch ein Interview dazu. Da für ein solches Programm ein Tag oft nicht ausreicht, ist leicht nachvollziehbar, dass schon die Kosten für solche Veranstaltungen ihre Zahl beschränkt.

Präsentation kann und sollte man üben. Es ist auch für ein schlichtes Bewerbungsgespräch eine gute Vorbereitung, die Höhepunkte z.B. des eigenen Lebens in drei Minuten vorstellen zu können. Es gibt jedoch Bücher, die eine gezielte Vorbereitung auf *AC-Tests* versprechen. Und einige Publikationen gehen dabei soweit, Musterantworten auf bestimmte Fragen insbesondere der psychologischen Tests zu empfehlen. Natürlich unterscheiden sich viele Tests nicht sehr, Fragen wiederholen sich, die Aufgaben innerhalb eines ACs mögen unter unterschiedlichen Überschriften stehen, haben jedoch mehr oder weniger ähnliche Strukturen und immer das gleiche Diagnoseziel. Sie sollten aber nicht dem Irrtum verfallen, sich auf einen Test so vorbereiten zu wollen, dass Sie die „richtigen" Antworten vorab auswendig lernen. Denn oft gibt es gar keine „richtigen" Antworten. Oder es gibt Fragen, die untereinander so verbunden sind, dass die eine als Kontrollfrage für eine andere funktioniert. Da nützt Auswendiglernen wenig.

Mein Rat auch hier: Es ist sinnvoll, sich zum Beispiel über die klassischen Übungen, wie sie in einem AC auftauchen können, zu informieren, um zu verstehen, welches Ziel sie jeweils verfolgen. Es lohnt sich auch, typische Tests zu lesen und sich zu überlegen, welche Antworten man selbst geben würde – der Teil, in dem steht, welche Antworten opportun seien, kann getrost übergangen werden. Ich weiß, dass die Neugierde das nicht erlaubt. Verzichten Sie aber jedenfalls darauf, Antworten auswendig zu lernen[1].

Eine Reihe von Unternehmen geben aussichtsreichen Bewerbern auch eine konkrete Aufgabe, die sie für das Vorstellungsgespräch vorbereitend ausarbeiten sollen. Das kann für einen zukünftigen Trainer das Konzept für ein Führungskräftetraining sein, für einen Landschaftsarchitekten eine Zeichnung einer Außenanlage. Wer sich für eine Stelle an einer Universität oder Fachhochschule bewirbt, bekommt ein Vorlesungsthema vorgegeben und muss dann in der Regel als Teil des Auswahlverfahrens „vorsingen".

Ist das nicht eine Unverschämtheit, insbesondere, wenn man bedenkt, dass am Ende ja nur einer die Stelle bekommt und alle anderen möglicherweise eine Menge Zeit mit der Vorbereitung verbracht haben? Definitiv nicht. Es gehört zur Berufswirklichkeit, dass man „für den Papierkorb" arbeitet, das wissen alle, die sich je an Ausschreibungen beteiligt haben. Und wer eine konkrete sachbezogene Aufgabe bekommt, hat damit gleich eine Chance, seine Qualitäten im besten Licht zu präsentieren.

Wieder sind wir bei dem Hinweis auf die Hilfe durch Dritte: Lassen Sie sich helfen – aber nicht so, dass Sie die Unterlage durch Dritte erstellen las-

---

[1] Nehmen wir an, jemand hätte das nötige Gedächtnis, um sich alle „Soll-Antworten" zu merken und dann käme ein Test mit genau den Fragen, die in dem Buch standen. Schlimmstenfalls könnte folgendes passieren: Er schreibt alle „richtigen" Antworten hin, diese „richtigen" Antworten sind tatsächlich auch im Sinne des Unternehmens „richtig". Er bekommt den Job, weil es ihm gelingt, auch im Vorstellungsgespräch (das vor jeder Einstellung auf die Tests folgt) die Figur abzugeben, die er auswendig gelernt hat und ist kreuzunglücklich, weil er in einem Unternehmen auf einer Stelle für einen Vorgesetzten arbeitet, die alle nicht zu ihm passen. Ein reichlich konstruiertes und unwahrscheinliches Szenario? Genau! Also Finger weg, vom „Rollenlernen" (wenn man sich nicht gerade fürs Theater bewirbt …).

sen. Die Unterlagenerstellung (auch von ganzen Bewerbungsmappen) ist zwar inzwischen ein eigenes Teilgewerbe des Bewerbungstrainings, eine durch Dritte erstellte Bewerbung ist jedoch *nie* authentisch[1].

Bereiten Sie die Aufgabe optimal vor und quälen Sie dann andere, indem Sie ihnen das präsentieren, was Sie in der Bewerbungssituation darstellen möchten. Suchen Sie sich Zuhörer, Zuschauer, Rezensenten, die extrem „gemein" sein können. Fordern Sie sie auf, alles zu bemängeln, was ihnen einfällt und vielleicht gerade die Dinge, die Ihnen eigentlich besonders gelungen erscheinen. Lassen Sie alles in Frage stellen (bei der Gelegenheit werden Sie nicht nur Ihre eigene Belastbarkeit kennenlernen, sondern auch die der betreffenden Freundschaft...).

Das AC hat übrigens einen großen Vorteil für Bewerber, sie erhalten häufig eine Rückmeldung über ihre Ergebnisse. Man sollte sich vom Feedback jedoch keine Wunder erwarten, weil die Offenheit immer begrenzt ist.

Allgemeine Vorbereitung des Vorstellungsgesprächs

Zur Vorbereitung eines Vorstellungsgespräches gehört auch, dass man alle Unterlagen noch einmal durchliest, die man dem Unternehmen überlassen hatte. Wenig ist peinlicher, als nicht zu wissen, was in den Zeugnissen stand, die man abgegeben hat. Wer sein Anschreiben hat erstellen lassen, muss auch dieses noch auswendig lernen...

Und bereiten Sie Ihre Fragen vor, stellen Sie fest, was Sie über das Unternehmen, die Stelle, Ihren Gesprächspartner (der ja Ihr Vorgesetzter werden könnte) wissen, und was Sie zusätzlich wissen müssen. Schreiben Sie die Fragen nieder – lesbar, dafür hat heute jeder Zugriff auf einen Computer. Machen Sie sich eine Check-Liste und lassen Sie Platz, um die Antworten

---

[1] Stellen Sie sich einmal vor, Sie laden die Dame/den Herrn Ihres Herzens zu einem besonderen Abendessen ein, das Sie angeblich selbst gekocht haben. Hinter dem Haus stapeln sich zwar die Container Ihres Catering-Services, aber Ihr Gast hat nichts gemerkt und lobt Sie über den grünen Klee, verbunden mit einer Einladung, am nächsten Abend doch gleich in seiner Wohnung zu kochen, mit allem, was sich daraus ergeben könnte... Sie haben dann noch knapp 24 Stunden Zeit, um Kochen zu lernen.

mitschreiben zu können. Welche Fragen sinnvoll sind und welche nicht, darauf kommen wir unten noch zurück.

Es klingt banal, muss aber aus langer Erfahrung doch betont werden: Prüfen und planen Sie die Anfahrtswege. Wer um neun Uhr ein Vorstellungsgespräch hat und vorher fünf Stunden Anfahrt, der sollte mindestens in Erwägung ziehen, ob er nicht doch am Vorabend anreist, selbst dann, wenn nicht davon auszugehen ist, dass der potenzielle Arbeitgeber oder die Arbeitsagentur die Kosten erstattet (siehe unten „Die Kostenerstattung"). Jetzt geizig zu werden, kann teuer kommen. Auch Ausruhen gehört zu einer guten Vorbereitung. Die Redewendung „das ist ein ganz Ausgeschlafener" kommt nicht von ungefähr: Nicht früher wach sein, sondern in der Früh wacher sein, heißt die Devise.

Kleider machen Leute

Und dann das leidige Thema Kleidung. Früher war es sehr einfach: Die Herren in Anzug und Krawatte, die Damen im Kostüm, der Rock musste das Knie bedecken. Wer sich so kleidet, macht in der Mehrheit der Fälle auch heute noch nichts falsch. Aber die Mehrheit der Fälle umfasst eben nicht „alle Fälle". Gerade weil die Überschriftenweisheit nach wie vor gilt[1]. Was also tun?

Wir haben schon wieder verkehrt herum angefangen. Die erste Frage lautet nicht: Was will mein Gastgeber sehen? sondern: Was kann ich als Bewerber glaubwürdig tragen? Wie bringe ich den Aspekt meiner Persönlichkeit, der mir am besten liegt, auch äußerlich zum Ausdruck? Natürlich muss ich dabei eine gewisse Rücksicht nehmen, auf das, was in einer Firma, in einer Branche, in einem Kontext üblich ist – aber das muss, nein, das darf nicht allein ausschlaggebend für meine Kleidung zum Bewerbungsgespräch sein. Und es ist kaum anzunehmen, dass jemand, der noch nie eine Krawatte ge-

---

[1] Noch vor zehn Jahren gab es mindestens bestimmte Branchen, für die man sicher sagen konnte: konservative Kleidung muss sein. Neulich erzählte mir der Vorstand einer Bank, dass er einen Bewerber für die Leitung seines Call Centers von vornherein nicht für geeignet hielt, weil dieser im Dreiteiler, also mit Weste erschienen war. „So einer kann nicht die Ärmel aufkrempeln!", lautete das zwar absurde aber endgültige Verdikt.

tragen hat, sich für den Bankschalter bewirbt (oder umgekehrt: wer sich für den Bankschalter bewirbt, wird wahrscheinlich auch schon mal eine Krawatte getragen haben).

Wer für das Vorstellungsgespräch Kleidung wählt, die er üblicherweise nicht trägt oder nie getragen hat, dem sieht man das an. Der bewegt sich unbeholfen, der setzt sich unbequem, der ist unter Umständen ständig mit seiner Kleidung beschäftigt. Man wundert sich, dass Frauen, die sonst Röcke verabscheuen, ausgerechnet im Vorstellungsgespräch einen solchen tragen und dann immer daran ziehen, weil das ungewohnte Kleidungsstück im Sitzen hochzurutschen droht.

Wenn Sie die Kleidung extra für das Vorstellungsgespräch gekauft haben, wogegen nichts einzuwenden wäre, tragen Sie sie vorher ein, gewöhnen Sie sich an sie. Achten Sie darauf, dass die Kleidung dennoch frisch ist, waschen Sie sie, bringen Sie sie in die Reinigung, was auch immer.

Stichwort Schuhe: neue Schuhe einlaufen, ältere putzen, nötigenfalls mit neuen Absätze versehen lassen etc. Und auch hier gilt wieder: Tragen Sie, worin Sie auch laufen können. Gerade mit Damenschuhen sind auch Botschaften verbunden. Schuhe mit sehr hohen Absätzen signalisieren selbstbewusste Weiblichkeit, man muss für sich entscheiden, ob das der Aspekt der eigenen Persönlichkeit ist, den man nach vorne stellen will.

Wer sein Gewand immer nur zum Vorstellungsgespräch aus dem Schrank nimmt, und danach wieder hinein hängt, der sollte darauf achten, wie frisch es riecht – und da ist die eigene Nase nicht unbedingt der ideale Schiedsrichter. Apropos Riechen: Es taucht in diesem Ratgeber immer wieder auf – die Nase entscheidet häufig darüber, ob wir jemanden akzeptieren oder nicht. Es gibt wenig Einigkeit über *Wohl*gerüche, aber alten Schweiß empfinden die meisten Menschen als unangenehm. Auch mit Parfum überdeckt wird er nicht besser. Und frischer Schweiß ist zwar bei weitem nicht so problematisch, wer ihn aber vermeiden kann, sollte das tun. Wenn man an einem heißen Tag zu einem Vorstellungsgespräch lange anfahren muss und keine Klimaanlage einen kühlt, sollte man sich möglichst unmittelbar vor dem Gespräch umziehen. Auch ohne alten Schweiß sollte Parfum mit Zurückhaltung aufgelegt werden. Ich habe oft Stunden gebraucht, um mein Büro nach einem Vorstellungsgespräch olfaktorisch zu neutralisieren, sprich zu lüften, häufig genug ging das nicht, weil der nächste Bewerber schon wartete[1].

Auch wer vor dem Vorstellungstermin Mittagessen geht, sollte versuchen, seine Kleidung vor den Unbilden der Nahrungsaufnahme und seinen Atem vor allzu viel Zwiebeln zu schützen. Es kann den Gesprächspartner ungeheuer irritieren, wenn er ununterbrochen auf die Tomatensauce auf der gegnerischen Krawatte starren muss oder sich in einen Nebel aus aglio e olio eingehüllt findet.

Und noch eins muss zur Kleidung gesagt werden. Gerade bei Bewerbern über 50 habe ich es häufig erlebt, dass die Kleidung zwar formaler war als bei vielen Jüngeren, dass sie jedoch ganz offensichtlich schon bessere Tage gesehen hatte. Umschlag-Manschetten, die sichtbar abgestoßen sind. Glänzende Ärmel am Jackett. Oder noch schlimmer: Ein Hemdkragen aus den siebziger Jahren, der, die Figur hat sich verändert, nicht mehr zu schließen ist. Also bleibt der oberste Knopf offen, der Krawattenknoten wird tiefer gehängt und das Ganze sieht entsprechend schlampig aus. Also: Auch mit über 50 muss der Auftritt zeitgemäß sein, wenn man nicht die beim Gegenüber ohnehin vielleicht vorhandenen Vorurteile, man gehöre zum alten Eisen, optisch bestätigen will. Wer zeigen will, dass er gebraucht wird, dessen äußere Erscheinung sollte möglichst nicht verbraucht aussehen.

Der erste Eindruck

Wenn Sie also, hoffentlich pünktlich, beim Unternehmen eingetroffen sind, müssen Sie nicht selten warten. Insbesondere, wenn es bereits später am Tag ist, und – wie so oft – sich die Verzögerungen Stück für Stück zu einer veritablen Verspätung aufgebaut haben. Aber es kann auch Absicht dahinter stecken, schließlich gehört es durchaus zur Taktik wichtiger Menschen, andere warten zu lassen, auch um sie nervös zu machen.

---

[1] Ich glaubte dann gelegentlich, ob meines aufdringlich weiblich duftenden Zimmers irritierte Blicke des nächsten Bewerbers zu sehen...

Gegen Nervosität habe ich mal einen Bewerbungstrainer ein Glas Bier empfehlen hören. Und schon sind wir wieder beim Riechen: Widerstehen Sie der Versuchung. Wenn über dem ersten Händedruck die Fahne weht, kann man seine Aussichten gleich auf Halbmast setzen. Im übrigen auch, wenn es die Fahne vom Vorabend ist. Die Flasche Wein, die Ihnen geholfen hat, in den Schlaf zu finden, wankt Ihnen am anderen Morgen noch voraus, auch nach dem Zähneputzen.

Wer warten muss, kann in der Regel bereits mit der Prüfung beginnen. Um es noch einmal zu sagen: Die Bewerbung ist gegenseitig, Sie prüfen, ob Sie es mit dem Arbeitgeber Ihrer Wahl zu tun haben. Und ein Arbeitgeber, der ohne triftigen Grund (und ohne Entschuldigung) Bewerber warten lässt, ist ein Dummkopf. Gerade diejenigen, die eine Wahl haben, weil sie zu den Besten zählen, werden in der Abwägung zwischen Stellen eine solche Behandlung in ihre Entscheidung einbeziehen.

Nutzen Sie die Zeit, schauen Sie sich um, sprechen Sie mit anwesenden Mitbewerbern[1], fragen Sie die Sekretärin aus, und wenn niemand außer Ihnen im Raum sein sollte, schauen Sie sich den Raum an. Besprechungsräume und Wartezonen sagen oft mehr über das Unternehmen aus als Büros (die dafür wieder mehr über ihren Besitzer erzählen).

Ein Interviewer oder viele?

Und irgendwann kommt dann der Moment, da stehen Sie dem Interviewer gegenüber, manchmal auch mehreren. Viele Bewerber fürchten sich davor, zwei oder gar mehr Personen gegenüber zu sitzen. Und nicht wenige Interviewer glauben, mit einem Kollegen zusammen mehr zu sehen. Es mag beide Seiten überraschen: Wenn man nicht ein sehr gut vorbereitetes und aufeinander abgestimmtes Team mit vorher klar verteilten und im Interview durchgehaltenen Rollen ist, dann ist diese Konstellation für den Bewerber viel weniger „kritisch" als ein gut vorbereiteter Einzel-Interviewer. Denn die

---

[1] Beim AC sind meist welche dabei, und unter Umständen handelt es sich bereits um die erste Aufgabe, wenn man z.B. prüfen will, wie Sie sich in einem Raum mit Fremden verhalten – aber werden Sie nicht paranoid, in der Mehrzahl aller Fälle will man nicht prüfen, wie Sie mit dem Problem umgehen, sondern lässt Sie einfach so warten.

dritte Person im Raum beansprucht ihrerseits einen Teil der Aufmerksamkeit, selbst wenn sie nur beobachtet. Und getreu der Devise „man kann nicht nicht kommunizieren" greift sie ins Gespräch ein, auch wenn sie nur schweigend dabeizusitzen scheint.

Das Interview

Die meisten Teilnehmer meiner Trainings möchten wissen, welche Fragen in einem Vorstellungsgespräch gestellt werden und wie man sie beantworten soll. Eigentlich müsste ich auch hier sagen: Woher soll ich das denn wissen, das werden Sie doch erst im Interview selbst hören und das hängt wesentlich von der zu besetzenden Stelle, Ihren Bewerbungsunterlagen, Ihrem Auftritt in der konkreten Situation ab. Nur stimmt das leider nicht.

Die Erfahrung zeigt, dass es nur sehr wenige gut vorbereitete und entsprechend individuell operierende Interviewer gibt. Die meisten ziehen sich auf vermeintliche Standards zurück. Zwar gibt es effiziente Explorationstechniken. Von wenigen Unternehmen und einigen Einzelpersonen abgesehen, herrscht in der Wirklichkeit jedoch gepflegter Dilettantismus. Das sollte man als Bewerber aber nicht beklagen, das sollte man nutzen.

Die Theorie lehrt, dass die Gesprächsanteile von Bewerber und Interviewer sich wie 80 zu 20 verhalten sollten. 80% der Zeit sollte der Bewerber sprechen, den Rest braucht der Interviewer für seine Fragen. Ein guter Bewerber macht daraus immer 60/40, hilft ihm ein schlechter Interviewer, wird daraus schnell 20/80. Nicht wenige Bewerber gehen nach einem solchen Gespräch mit einem schlecht(vorbereitet)en Gesprächspartner mit dem mulmigen Gefühl „ich bin ja kaum zu Wort gekommen" aus dem Gespräch.

Nicht verzagen: Dieses mulmige Gefühl ist nur dann berechtigt, wenn es viele Sprechpausen gab. Hat Ihr Ansprechpartner im Unternehmen aber in der Zeit, in der Sie nicht zu Wort gekommen sind, über sich, seine Familie, die Firma, seinen letzten Urlaub, seine Ansichten zu Fußball oder Politik gesprochen, dann können Sie sicher sein, dass er ein gutes Gespräch geführt und Ihnen wahrscheinlich einen umfangreichen Einblick in sein Innenleben gewährt hat. Er wird abends zu Hause erzählen, was Sie für eine aufgeweckte junge Frau, für ein vielversprechender junger Mann seien, nachdem er sein Selbstgespräch in seiner Erinnerung gerecht auf sich und Sie verteilt hat.

Moment, Moment, noch mal zurück: mit wem sprechen Sie eigentlich, vom wem werden Sie befragt, wer prüft Sie?

Das hängt von der Größe des Unternehmens und der Organisation solcher Vorstellungsgespräche ab. Ist eine Personalberatung in das Auswahlverfahren eingebunden, dann findet das Erstgespräch zunächst fast immer ohne Beteiligung des Auftraggebers und am Sitz des Personalberaters, in einem Hotelzimmer, oder auch einmal in der VIP-Lounge des nächsten Großstadtbahnhofs statt. Im suchenden Unternehmen spricht mit Ihnen ein Mitglied der Personal- oder Ausbildungsabteilung, ein Verantwortlicher der einstellenden Abteilung, der Firmenchef selbst, die Auswahl ist groß.

Über Erwartungen

Und was erwartet Sie nun im Gespräch, was erwartet man von Ihnen – und vor allem, wie reagieren Sie ideal?! Inzwischen wissen Sie natürlich, dass ich Fragen wie die vorletzte nur für eingeschränkt beantwortbar und die letzte für absolut falsch halte. Ich versuche ja auch nur, Sie weiter zu immunisieren gegen die Für-Dumm-Verkäufer.

An dieser Stelle noch ein schneller Einschub, weil laut deutscher Medien kürzlich wieder eine (amerikanische) Untersuchung ergeben habe, dass „Schleimer" beim Bewerbungsgespräch besser ankämen als Selbstdarsteller. Dem Interviewer nach dem Maul reden, so die angebliche Erkenntnis, sei bei weitem die bessere Strategie als Werbung in eigener Sache, prompt konnte man bei Spiegel Online lesen „…hat die Schleimerei einen fiesen Beigeschmack". Einen fiesen Beigeschmack hat die Tatsache, dass da mal wieder Gegensätze aufgebaut werden, die weder in der Wirklichkeit noch in der Studie zu finden sind: Letztere zeigt nämlich deutlich, dass es wichtig ist, mit dem Interviewer einen guten Kontakt aufzubauen und sie belegt die Binsenweisheit, dass das denen leichter gelingt, die dem Interviewer ähnlich sind[1]. Mit Schleimen hat das wenig zu tun, sondern mit sozialer Intelligenz. Also lassen Sie sich auch hier nicht veralbern: gute Selbstdarstellung und empathische Synchronisation mit dem Interviewer sind keine Gegensätze, sondern müssen elegant verbunden werden.

Aber der Reihe nach: Was Sie erwartet, kann ich Ihnen ungefähr beantworten. Was man von Ihnen erwartet, nur als Meta-Information; und wie Sie ideal reagieren, ist in einem Satz beantwortet: Wie es Ihnen, Ihren Fähigkeiten und Ihrer Tagesform entspricht. Dass Sie für die Tagesform etwas tun können, sollte bereits deutlich geworden sein. Damit sind wir zurück bei der Frage, was man von Ihnen erwartet: dass Sie nämlich in optimaler Form auflaufen und sich von Ihrer besten Seite zeigen.

Natürlich gibt es darüber hinaus Erwartungen, die finden Sie in der Regel beim Wiederlesen der Anzeige oder im Einladungsschreiben, oder Sie bekommen die Information vom eingeschalteten Personalberater. Es gibt keine Erwartungen, die in allen Unternehmen gleich wären. Selbst wenn zwei Führungskräfte in ihrem jeweiligen Unternehmen eine vergleichbare Stelle bzw. ihren Wunschbewerber für diese Stelle mit den gleichen Profildaten, ja mit den gleichen Worten beschrieben, dahinter steckte doch ein unterschiedliches Bild.

Das Beispiel vom gesuchten Unternehmer

> Die Wirtschaft, wie der Geheimdienst auch, erfordert vom
> Arbeitnehmer mehr Loyalität als Ehrlichkeit.
> (Graham Greene, *Dr. Fischer aus Genf*)

Nehmen wir ein Beispiel: Gesucht ist die „unternehmerisch handelnde" Persönlichkeit, oft schon für eine gehobene Sachbearbeiter-Position. Das haben Sie auch schon häufiger gelesen? Und? Was heißt das? Eben, das kann man nicht so genau sagen. Oft ist es die etwas pompöse Umschreibung eines mitdenkenden Menschen. Jetzt kommen die ersten Einwände: nicht Mit-

---

[1] Die Genetik kennt das Phänomen des assortative mating, auf Deutsch: Gleich zu gleich gesellt sich gern. Das gilt für alle Paarungen – viel häufiger als die Behauptung, Gegensätze zögen sich an.

sondern Voraus- und Querdenken sei von einem Unternehmer zu fordern. Einer, der lieber nachher um Entschuldigung als vorher um Erlaubnis bittet. Ganz Selbstbewusste beschreiben den idealen Unternehmer gar als unabhängigen Geist, der sich nicht um Regeln schert und darum, was die anderen über ihn denken, der sich nicht unterordnet, Gesetze frei auslegt, wo sie ihm die unternehmerische Freiheit beschneiden, der Herrscher ist im eigenen Unternehmen und anerkannter Leitwolf auch unter seinesgleichen. Ein Wolf unter Wölfen eben – aber genug davon, bevor es uns zu weit davon trägt.

Fällt Ihnen was auf? Nein? Also gut: Können Sie sich vorstellen, wie lange ein Vorgesetzter einen Mitarbeiter erträgt, der sich in diesem Sinne unternehmerisch verhält? Abgesehen davon, dass die Beschreibung so oder so etwas klischeehaft anmutet, es also kaum solche Unternehmer gibt: zweifellos verlangt „unternehmerisch handelnd" in einem gewissen Umfang Selbständigkeit.

Es ist jedoch gar nicht so selten, dass mit der Forderung unternehmerischen Handelns gerade das Gegenteil verlangt wird: bedingungslose Einordnung in das Unternehmen, Ausführung von Anweisungen Punkt für Punkt. Es ist an Ihnen, im Vorstellungsgespräch herauszufinden, wie weit „unternehmerisches Handeln" wirklich selbständiges Handeln auch in Ihrem eigenen Sinne heißt, denn zweifellos haben Sie für sich eine Vorstellung davon. Ob Ihre Vorstellung in diesem Umfeld trägt, müssen Sie klären. Natürlich könnten Sie das durch Fragen versuchen „Was verstehen Sie denn unter ‚unternehmerischem Handeln'?". Das wäre bereits ein sehr unternehmerisches Auftreten: Wer fragt, führt. Die Gefahr ist allerdings, dass Ihr Gesprächspartner sich vor dem Hintergrund einer solchen Gesinnungs- oder Meinungsfrage in Allgemeinplätze flüchtet. Sie bekommen eine Vorstellung davon, auf welchem Abstraktionsniveau er diskutieren kann, wissen aber nicht, wie viel Freiraum Sie tatsächlich erwarten und bei welcher selbständigen Handlung Sie zukünftig das erste Mal mit ihm zusammenstoßen werden[1].

Wie im richtigen Leben empfiehlt es sich auch im Vorstellungsgespräch, einen Umweg über berichtetes Handeln zu nehmen und daraus abzuleiten,

---

[1] Auch Interviewer verhalten sich wie Bewerber, wenn man sie zu allgemein fragt…

wie der andere die Dinge sieht. Das setzt allerdings voraus, dass zwischen Interviewer und Interviewtem ein echtes Gespräch zustande kommt.

Da gibt es eine schlechte und eine gute Nachricht. Die schlechte zuerst: das geschieht nur sehr selten. Die gute: das ist nur dann problematisch, wenn beide Seiten das merken und als Problem empfinden. Aber lassen Sie uns vorne beginnen, wir sind schon mitten in der Analyse eines Gesprächs, das ja noch kaum begonnen hat.

Die Bedeutung des Händedrucks

In der Regel beginnt das Gespräch mit der ersten Begegnung und einem Händedruck. Es gibt ernstzunehmende Untersuchungen, die belegen, dass diese erste Kontaktaufnahme, die ersten fünf bis zehn Sekunden schon darüber entscheiden können, ob ein Bewerber die Stelle bekommt oder nicht. Aussehen, Körperhaltung, Blick, Geruch, all das nehmen wir in wenigen Sekunden auf und sofort entscheidet sich, ob die Chemie stimmt[1].

Sie sollten sich in dieser Situation nicht als Opfer fühlen oder verhalten, das überträgt sich im Übrigen auch sofort. „Schnüffeln" Sie gleichberechtigt. Nicht nur Sie werden abgetastet, Sie überprüfen Ihrerseits Ihren Gesprächspartner auf verträgliche Ausstrahlung. Bei spontaner gegenseitiger Antipathie dient der Rest des Gesprächs eigentlich nur dazu, diese Bauchentscheidung nachträglich rational begründbar zu machen.

Und dann kommt der erste Händedruck. Über diesen Händedruck können Sie ganze Abhandlungen lesen, Legion sind die Warnungen, dem anderen keinen kalten Fisch in die Hand zu legen. Das ist nun eine etwas absurde Warnung, mindestens, wenn man sie auf das Vorstellungsgespräch reduziert. Der Händedruck, in Deutschland immer noch die gängige Methode der Begrüßung, sollte auch in allen anderen Situationen nicht schlaff sein. Das wissend gibt es eine ganze Reihe von Überkompensierern. Sie legen alles, was sie für ihre Persönlichkeit halten, in ihren Händedruck. Ihnen wird die Hand zum Schraubstock, der Schmerz im Auge ihres Gegenübers zur will-

---

[1] Dies ist die vornehme Umschreibung für „sich riechen können", es meint dasselbe.

kommenen Bestätigung der eigenen Kraft. An sie hier eine Warnung: Die Zahl der Masochisten ist klein, die Wahrscheinlichkeit, mit einem solchen Händedruck zu punkten, entsprechend gering[1].

Nun gilt der Händedruck allerdings inzwischen bei Einigen als antiquiert (also zu intim…), sie brauchen ihn so selten, dass sie nicht wirklich eine Vorstellung davon haben, wie er sich anfühlt.

Ausgerechnet beim Händedruck findet meine Forderung nach Authentizität (mal wieder…) ihre Grenze. Händedruck kann man üben. Der ideale Händedruck Fremden gegenüber ist gemäßigt, kurzes Einklinken, ca. ein bis zwei Sekunden eine leichte – aber merkliche – Druckverstärkung und loslassen. Sollte Ihr Gesprächspartner anders drücken, dann gehen Sie auf ihn ein und weichen nicht aus. Das war schon fast zuviel für ein so unbedeutendes Thema, musste aber mal gesagt werden.

Rollenverteilung im Interview

Die Zahl der Möglichkeiten, ein Interview zu gestalten, ist nicht so groß, wie man zunächst vielleicht meinen möchte. Meist sitzen Ihnen ein oder zwei Personen gegenüber, bei einem Erstgespräch beim zukünftigen Arbeitgeber ist oft auch noch der Personalberater dabei, wenn er „seinen" Kandidaten vorstellt. Wenn das Interview Teil eines größeren Auswahlverfahrens ist, also z.B. eines Assessment Center, kann es sich aber auch um eine Interviewer-/Beobachter-Gruppe handeln.

Man kann es nicht oft genug betonen: Die meisten Interviewer sind für diese Tätigkeit weder ausgebildet noch haben sie viel Übung, Vielen fehlt außerdem die Begabung. Wenn sich dazu noch schlechte Vorbereitung gesellt[2], dann hat all das wieder eine gute und eine schlechte Seite. Schwache Interviewer sind, mehr noch als starke, auf ihr Bauchgefühl angewiesen.

---

[1] Allgemein wird angenommen, dass der Händedruck ursprünglich dazu diente nachzuweisen, dass man unbewaffnet sei, wer also zeigt, dass er, um den anderen zu verletzen, keine Waffe braucht, führt den Händedruck ad absurdum.

[2] Der eine oder andere Bewerber hat nur deshalb warten müssen, weil die Sekretärin noch auf der Suche nach den Bewerbungsunterlagen in den Stapeln ihres Chefs war.

Stimmt die Chemie, werden sie Regel nicht versuchen, diesen ersten Eindruck durch ein besonders intensives Interview zu gefährden.

Die schlechte Seite? Man kann durch eine falsch positive Entscheidung (siehe oben) zu einer echten Fehlbesetzung werden, wenn man als Bewerberin oder Bewerber nicht selbst aufpasst.

Und hier kommen wir zu vielleicht merkwürdigsten Vorstellung in diesem an merkwürdigen Behauptungen nicht gerade armen Buch. Im Deutschen *führt* man ein Gespräch. Auch ein Vorstellungsgespräch kann man *führen*. Zwar sieht die Verkehrsauffassung vor, dass der Interviewer (durch) das Gespräch führt, es gibt jedoch keinen Grund, warum das Gespräch nicht vom Bewerber geführt werden sollte, mindestens dann, wenn der Interviewer es eben nicht tut.

Wir hatten es schon erwähnt: 80% der Zeit sollte der Bewerber, die restlichen 20% der Interviewer sprechen – mindestens in der Phase, in der es um den Bewerber geht. Lege artis, also den Regeln der Kunst entsprechend, sollte dieser Teil des Gesprächs zudem zu Beginn eines Vorstellungstermins liegen. Die Information über die Firma und die Stelle sollte sich anschließen. Warum? Es liegt auf der Hand: Der Bewerber soll nicht bereits vorab durch allzu viel detaillierte und vor allem bewertete Information über das Unternehmen und die Stelle (und mittelbar über den Interviewer) auf die Spur gesetzt werden. Man will gerade keine Bewerber-Antworten, die auf vermeintliche Erwartungen des Unternehmens zielen. Man will Sie also möglichst unverfälscht kennenlernen. Soviel zur Theorie.

Die Praxis beschert Ihnen eine ganze Reihe von Vorstellungsgesprächen, die ziemlich genau umgekehrt ablaufen: Zunächst beginnt das Gespräch mit Informationen zur Firma, dann folgen ein paar Fragen zu Ihnen. Wenn es so abläuft, sollten Sie sich nicht einmischen. Hören Sie zu, achten Sie auf die Schwerpunkte, die Ihr Gesprächspartner setzt, schauen Sie Ihren Gesprächspartner genau an, sie werden dann um so sicherer wissen, welchen Teil Ihrer Wahrheit Sie zu präsentieren haben.

Ein wenig Körpersprachunterricht – Synchronisation als Kür

Auch die Körpersprache des Interviewers ist für den Bewerber interessant. Geübte Bewerber lesen die Körpersprache ihres Gesprächspartners und versuchen, sich zu synchronisieren. Achten Sie in einer „normalen" Gesprächssituation einmal darauf[1]: In einem guten Gespräch beginnt ein Gesprächspartner nach kurzer Zeit die Bewegungen des anderen zu spiegeln, schlägt das Bein über, unmittelbar nachdem der andere das gemacht hat, hebt sein Glas mit dem anderen zum Mund und so fort. Es entsteht ein Gleichklang wie zwischen Musikern. Und wie gute Musiker diesen Gleichklang erzeugen können, können geübte Kommunikatoren Synchronisation gezielt herstellen. Üben Sie es außerhalb der Bewerbungssituation und Sie lernen, ein Gespräch körpersprachlich zu steuern – was das Gespräch erleichtert. Aber Vorsicht, es darf nicht zum Nachäffen werden. Auch hier reden wir also bereits über die Kür.

Essen als Prüfung

Auch Essen kann Gemeinsamkeit herstellen, ja Intimität schaffen. Darum gehört es in Gegenwart von Fremden sicher zu den schwierigsten Verrichtungen, die man sich vorstellen kann. Gerade im Rahmen eines Assessment Centers ist gemeinsames Essen nicht selten Teil der Prüfung. Nicht dass man es Ihnen sagen würde, gehen Sie dennoch davon aus, dass Sie beobachtet werden[2].

Für solche Situationen, sie sind nicht sehr häufig, gibt es natürlich auch ein paar Regeln, die entsprechen jedoch im wesentlich denen, wie sie in vergleichbarer Umgebung auch ohne Bewerbungssituation angezeigt sind. Man

---

[1] Auch das Vorstellungsgespräch sollte eine „normale" Gesprächssituation sein, aber mindestens die ersten sind doch ziemlich adrenalingeschwängert, keine gute Voraussetzung für Beobachtung.

[2] Im Rahmen eines AC einer der feinsten Adressen im Beratungsgeschäft (ein britisches Unternehmen) durfte ich einmal in einem eleganten Führungskräfterestaurant eines Bankhauses (wirklich keine Kantine) mit Mitbewerbern und Interviewern essen. Vier Gänge, mit dem jeweils passenden Wein zu jedem Gang, mit sehr aufmerksamer Bedienung, die auch halbvolle Gläser auffüllte (das ist nun wieder etwas, was in der wirklich feinen Gastronomie verpönt ist), man wollte wohl sehen, wer wie mit Gabel und Messer umgeht und wer wie dem Alkohol zuspricht.

benutze das Besteck von außen nach innen, trinke viel Wasser und höchstens einige Schlucke Wein pro Gang und lasse sich von niemandem erzählen, dass es schlecht aussähe, wenn man gar keinen Alkohol tränke (weil man sich angeblich, wie ich von einem Kollegen zu hören bekam, damit verdächtig machte, ungesellig zu sein bzw. Alkohol nicht gesteuert zu sich nehmen zu können). Wenn Sie auch sonst keinen Alkohol trinken oder ihn mittags nicht mögen, die Zeiten des Kampftrinkens sind vorbei[1]. Lassen Sie sich dazu jedoch nicht auf Diskussionen ein. Die freundliche Eröffnung des Gesprächs durch Ihren Tischnachbarn „Sie trinken gar keinen Alkohol?" könnte ein Relikt aus alten Tagen sein. Auf Standardfragen sind Standardantworten erlaubt. Unverfänglich ist zum Beispiel:„Doch, gelegentlich." Schon ein „Doch, aber nie um diese Zeit" wäre vielleicht ehrlicher, könnte aber eine Kampfansage sein, wenn Ihr Tischnachbar gerade voller Inbrunst ein Hefeweizen zu sich nimmt.

Trinken als Chance

Wird Ihnen in „normalen" Bewerbungsgesprächen etwas zu trinken angeboten, ist in der Regel kein Alkohol gemeint. Ich habe viele Bewerber erlebt, die auf das Angebot ganz bescheiden "Ach danke, nein" antworten. Im selben Augenblick verschenkten sie eine große Chance.

Bestellt sich nämlich Ihr Interviewer nun etwas zu trinken, oder hat er gar schon etwas vor sich stehen, haben Sie mit Ihrer Ablehnung eine erste Gemeinsamkeit verweigert, verhalten sich also asynchron.

Und umgekehrt? Sie bestellen sich einen Kaffee, Tee oder, das anerkannteste und gesündeste Getränk von allen, ein Wasser, und Ihr Gesprächspartner sagt etwas von der Qualität „Danke für mich nicht"? Macht nichts, es spricht nichts dagegen, ein Wasser auch einmal stehen zu lassen. Aber ein Getränk – oder besser: **das Gefäß um dieses Getränk ist eine Waffe**, die man

---

[1] Noch bis vor zwanzig Jahren konnte man in vielen Firmen nur etwas werden, wenn man sehr alkoholfest war. Das hatte einen erheblichen Einfluss auf die Karrierefähigkeit von Frauen, nicht nur weil sie im Durchschnitt weniger vertragen, sondern weil diese Form des Trinkens ein sehr männliches Ritual ist, bei dem die meisten Männer lieber unter sich sind.

nicht unterschätzen sollte. Nicht weil Sie damit nach dem Interviewer werfen könnten, solche Eskalationen des Gesprächs werden eher die Ausnahme bleiben. Aber ein Glas, eine Tasse sind Signalgeber, Rettungsanker, Konzentrationspunkte.

Nehmen wir an, man stellt Ihnen eine Frage, die Sie unangenehm finden, oder deren Beantwortung Sie sich doch ein bisschen überlegen müssen. Natürlich können Sie sich hinsetzen und den Interviewer anstarren, während Sie nachdenken und ihm damit gleich signalisieren, dass Sie die Frage nicht sofort beantworten wollen. Sie können stattdessen aber auch Ihre Tasse greifen, dekorativ die Stirn runzeln, während Sie langsam trinken und über Ihre Antwort nachdenken.

Oder umgekehrt: Sie haben einen großen Schweiger vor sich (die besten und „gefährlichsten" Interviewer können ausdruckslos schweigen, für Bewerber ist ein solches Verhalten jedoch keine Erfolgsstrategie, siehe unten). Nichts ist für erfahrene Interviewer schöner, als eine Frage zu stellen und nach der oft kurzen Antwort einfach schweigend abzuwarten. Viele Bewerber können die sich dynamisch entwickelnde Stille nicht ertragen und versuchen, die Pause zu füllen, paraphrasieren ihren letzten Satz, beginnen zu schwafeln und erzählen vielleicht mehr und vor allem anders über sich, als sie beabsichtigt hatten.

Stattdessen die Tasse zu heben, den Gegenüber über den Rand freundlich fragend anzuschauen und dabei auf seine nächste Frage zu warten – welche Eleganz, welche Gesprächs*führung* und welche Entlastung für Sie. Also sagen Sie nicht nein, wenn man Ihnen etwas zu trinken anbietet[1].

Von der Platzwahl
Bevor wir zu den Interviewstilen kommen, noch ein paar Bemerkungen zur Gesprächsvorbereitung. Diese wird ganz wesentlich vom Interviewer bestimmt, allerdings überlässt er Ihnen möglicherweise die Wahl des Platzes.

---

[1] Wenn Sie sich aber einen Kaffee bestellen und ihn kalt nicht mögen, dann müssen Sie das Trinken in die Pausen hinein beherrschen, insbesondere wenn Sie es mit einem Interviewer zu tun haben, der sein Handwerk versteht und nicht einmal 20% der Gesprächsanteile für sich beansprucht.

Vertrieb, habe ich einmal gelernt, sitzt mit dem Licht im Rücken, und es ist ja ein Vertriebstermin. Anders als Gegenstände, auf die das Licht möglichst schön fallen sollte, hat der Mensch mit Licht im Rücken gewisse Vorteile im Dialog, unter anderem sieht er besser als er gesehen wird. Wenn Sie also nur die Wahl haben, mit dem Licht oder gegen das Licht, sollten Sie ersteres wählen. Schöner ist es, wenn beide Gesprächspartner seitlich zum Lichteinfall sitzen.

Auch sonst gibt es bessere und schlechtere Plätze. Die meisten Sitzgelegenheiten sind nicht für Bewerbungsgespräche arrangiert worden[1]. In den Zeiten knapper Kassen öffnen die Firmen mangels anderer Möglichkeiten nicht selten die repräsentativsten Räume auch für Vorstellungsgespräche: lange Tafeln, am Kopf ein Stuhl mit höherer Lehne – wählen Sie jeden anderen Platz, nicht den am Kopf, Sie könnten Irritationen auslösen.

Die ganz Selbstbewussten werden jetzt einwenden, das sei doch die Gelegenheit, ihre Kraft durch Wahl genau dieses Platzes zu zeigen. Es gibt aber nur zwei denkbare Fallgestaltungen: Man sitzt dem gegenüber, dem dieser Platz üblicherweise zusteht, dann hat man sich schon mit dem „Alpha-Tier" (auch Platzhirsch genannt) angelegt. Oder der Gesprächspartner erhält von diesem Platz aus üblicherweise Anweisungen oder gar Kritik und Tadel. Er wird den Bewerber kaum als Alpha-Tier akzeptieren und schlimmstenfalls seine negativen Emotionen auf ihn übertragen[2].

Vom Mitschreiben

Gleich noch eine Nebensächlichkeit: Ich habe immer gestaunt, wie viele Bewerber ganz offensichtlich mit einem phänomenalen Gedächtnis ausgestattet sind, die meisten machen sich im Gespräch keine Notizen. Geht man mal davon aus, dass das entgegen meiner gerade geäußerten Vermutung

---

[1] Falls jemand von der anderen Fraktion in dieses Buch hineinschaut: Ein runder, nicht zu großer Tisch an dem man mit Bewegungsfreiheit tangential sitzt und den ganzen Körper des Gesprächspartner im Blick behalten kann, ist optimal für Vorstellungsgespräche.

[2] Für die, die jetzt ungeduldig werden, angesichts der vielen Nebensächlichkeiten: Es sind nicht selten gerade sie, die darüber entscheiden, wie schnell ein guter Eindruck gleich zu Beginn einer Beziehung zerstört oder ein schlechter Eindruck bestätigt wird.

nichts mit gutem Gedächtnis zu tun hat, zeigt es eher, wie sehr sich die meisten Bewerber auf dem Prüfstand sehen und wie wenig sie sich als Prüfer betrachten.

Auch wenn es schwer fällt: werden Sie zum Gesprächs*partner*. Sie sollten, ich hatte es oben erwähnt, Fragen vorbereitet haben. Und sich im Gesprächsverlauf Notizen machen, nicht nur die Antworten auf Ihre Fragen aufnehmen, sondern auch sonstige Informationen, die wichtig erscheinen. Wenn Sie etwas mehr Übung haben, kann das durchaus so weit gehen, dass Sie Formulierungen und Reaktionen (auch nonverbale) Ihres Gesprächspartners notieren.

Sie sollten nach dem Gespräch in der Lage sein, ein Verlaufsprotokoll zu verfassen. Warum diese Mühe? Noch dazu, wo doch eine Menge Übung dazu gehört, gleichzeitig konzentriert bei der Sache zu sein, das Gespräch zu führen und sinnvoll mitzuschreiben? Vorbereitete Fragen helfen, das Gespräch zu steuern.

Üben Sie! Bei anderer Gelegenheit, zu Hause, in Diskussionen mit Freunden, wann immer es geht. Auch Ihr Gesprächspartner wird sich Notizen machen, ein Gespräch auf gleicher Augenhöhe[1] lebt von solchen Symbolen. Mindestens so wichtig ist es jedoch, Gesprächsverlauf und -ergebnisse festzuhalten. Insbesondere, wenn Sie aus Gesprächen lernen, wenn Sie besser werden wollen, dann müssen Sie sie nachvollziehen können – dafür braucht es Notizen. Und dann gibt es noch eine – für den einen oder anderen vielleicht traumhafte – Situation: Sie bekommen zwei oder drei Vertragsangebote gleichzeitig und müssen sich entscheiden. Da ist es hilfreich, sich noch einmal vor Augen zu halten, worüber gesprochen wurde, was Vor- und was Nachteile der gegeneinander konkurrierenden Stellen waren.

Last but not least: Nicht selten müssen Sie als Bewerber vor der Einstellung mehrere Vorstellungsgespräche mit wechselnden Gesprächspartnern führen. Es ist gut, wenn man das erste nach- und damit das zweite vorbereitet hat, das erspart einem peinliche Doppelfragen und erlaubt das gezielte Schließen von Lücken. Ach, und bevor ich es vergesse: Gerade den Stand

---

[1] Hier sind nicht die Hühneraugen des Interviewers gemeint.

von Gehaltsverhandlungen, vor allem die eigenen Forderungen, sollte man sich aufgeschrieben haben, damit man im nächsten Gespräch dasselbe (oder darauf bezugnehmend etwas anderes) sagen kann[1]. Und auch für den sehr unwahrscheinlichen Fall, dass man im Einzelfall mal nicht ganz die Wahrheit sagen kann (wir kommen auf das Thema noch zurück), ist Mitschrift wertvoll, wer nicht ein erfahrener Lügner ist, dem fällt es schwer, sich erfundene Wirklichkeit zu merken...

Also: Mitschreiben! Fragen Sie Ihren Gesprächspartner vorher der Form halber, ob er etwas dagegen hat. Die Wahrscheinlichkeit geht gegen Null, und im Falle eines Falles müsste er seine Ablehnung erklären, was Ihnen wieder einen guten Einblick in Ihren Gesprächspartner und evtl. auch in das Unternehmen gibt.

Sie sitzen, haben etwas zu Schreiben vor sich liegen, das Glas Wasser ist in Reichweite, die Höflichkeitsfloskeln sind ausgetauscht, es geht los.

Interview-Stile (Vom Selbst-Unterhalter und vom Fallensteller)

> Schlechte Argumente bekämpft man am besten, indem man
> ihre Darlegung nicht stört.
> (Alec Guinness)

Einer der häufigsten Interview-Stile ist der des „Sich-Unterhaltens". Der Interviewer unterhält sich mit Ihnen und Sie verstehen während des Interviews, warum dieser Begriff reflexiv ist. Der Sich-Unterhalter erzählt Geschichten aus seinem ereignisreichen Leben, von der Firma und erläutert Ihnen schließlich seine Meinung zur Lage der Nation. Dazwischen streut er eine Frage: „Was halten Sie davon?"

Jetzt heißt es entscheiden. Will Ihr Gesprächspartner wirklich wissen, was Sie davon halten oder braucht er nur ein Stichwort, um weitersprechen zu können? Versuchen Sie es mit wenigen (nicht zu meinungsgeladenen) Sätzen. Knüpft der Interviewer nach diesem verbalen Schulterzucken nahtlos an

---

[1] Und erzählen Sie mir jetzt nicht, Sie hätten für jede Stelle die gleiche Gehaltsforderung, nicht nach über 100 Seiten dieses Buches.

sein Selbstgespräch an, lehnen Sie sich zurück, hören Sie aufmerksam zu und geben Sie ihm auf Wunsch das nächste Stichwort.

Fragt der Interviewer dagegen nach, ist das seine Interview-Technik, er wirft Ihnen sozusagen einen Brocken hin und schaut, ob Sie sich daran verschlucken. Vorsicht besonders bei offensichtlich sehr extremen Standpunkten, dahinter versteckt sich nicht selten, was ich die Fallensteller-Technik nenne. Kommunikationstheoretisch ist sie eher ungeschickt, sie schafft Misstrauen, interessanterweise nicht nur beim Gejagten, sondern gerade beim Jäger, sprich dem Interviewer.

Die Extremisten unter den Fallenstellern gehen soweit, sachlich Falsches zu behaupten, und mit dem Halbsatz abzuschließen, „das wissen Sie ja sicher". Leider gehört dieser Halbsatz auch zum Repertoire des Selbstunterhalters, er versucht so, sich einen Dialog vorzutäuschen. Haben Sie von dem, was Ihr Gesprächspartner als Allgemeinwissen verkauft, noch nie gehört oder ahnen Sie, dass Sie mit offensichtlich falschen Behauptungen getestet werden sollen, empfiehlt es sich immer, auf so einen Halbsatz milde zu widersprechen:„Das höre ich zum ersten Mal. Interessant!" Der Selbstunterhalter hat sein Stichwort, der Fallensteller bekommt signalisiert, dass Sie ihm nicht in die Falle gegangen sind. Wissen Sie, dass Ihr Gegenüber blanken Unsinn erzählt, sollte die Antwort ein etwas deutlicherer Widerspruch sein:„Interessant, das hatte ich bisher immer so verstanden…", [es folgt das Gegenteil dessen, was der Interviewer gerade gesagt hat]. Der Selbstunterhalter hat wieder sein Stichwort und der Fallensteller sein Signal: Falle ausgelöst und leer[1].

---

[1] Und hier zeigt sich wieder, dass die undifferenzierte Empfehlung, es sei besser zu schleimen, also bedingungslos und bewundernd „ja" zu sagen, Unsinn ist, sie erfasst die Wirklichkeit nicht. Und noch eins: Alle hier aufgeführten Sätze sind selbstverständlich nur Beispiele, gebrauchen Sie Ihren eigenen Wortschatz!

Vom Menschenkenner

> O verteufelte Geschichte!
> Heldenhafter Lebenslauf!
> (Goethe, *Ritter Kurts Brautfahrt*)

Es gibt eine Sorte Interviewer, die weitaus häufiger auftritt als Selbstunterhalter oder Fallensteller. Die Rede ist vom gemeinen Menschenkenner[1]. Dem Menschenkenner genügt je nach dem für sich selbst reklamierten Grad der Menschenkenntnis ein Blick oder eben ein Gespräch. Er muss nicht vorbereitet sein und ist es darum meist nicht. Der Menschenkenner fängt das Gespräch z.B. mit folgendem Satz an:„Ich habe mir Ihre Unterlagen angeschaut, aber Papier ist ja geduldig, erzählen Sie mir Ihren Lebenslauf." Je nach Veranlagung lächelt er dazu oder schaut gravitätisch.

Der erste Teil des Satzes ist nicht unbedingt unwahr, aber da er diese Unterlagen zuletzt gesehen hat, als er sich entschied, Sie einzuladen und er seitdem die Unterlagen 50 weiterer Bewerber durchgeschaut hat, kann er sich nicht erinnern, was an Ihnen so besonders war (muss er als Menschenkenner ja auch nicht). Obacht, auch hinter einer solchen Frage kann sich ein Fallensteller verstecken, der Ihren Lebenslauf auswendig gelernt hat, Sie sollten ihn also auch parat haben…

Und auch hier umgeht man den Fallensteller wie immer: indem man auf dem Pfad der Tugend bleibt, das heißt sich an die Wahrheit hält. Fallen, gerade selbstgestellte, und auch die gibt es, lauern abseits der Wege. Und der Weg der Wahrheit und der Authentizität ist breit, man kann ihn problemlos in der Mitte gehen, sich genauso gut am rechten oder linken Rand orientieren oder auch mal auf die andere Straßenseite wechseln, wenn einem etwas entgegenkommt, dem man nicht begegnen möchte. Erzählen Sie also aus Ihrem Lebenslauf. Spätestens wenn man über 20 ist, sollte man das Geburtsdatum und den Ort des freudigen Ereignisses vielleicht noch erwähnen, die Geburt aber nicht zum Ausgangpunkt einer langatmigen Biographie ma-

---

[1] Er verhält sich zu den beiden anderen wie die Amsel zum Pfau und zum Storch: Er kommt eben häufiger vor …

chen, wenn nicht – ja, wenn nicht in früher Kindheit oder Schulzeit wichtige Ereignisse liegen, die einen bis heute prägen[1].

Auch für das Vorstellungsgespräch gilt: man quäle den anderen nicht mit platten Interpretationen. Also nicht:„Ich habe in Österreich studiert und halte mir deshalb interkulturelle Kompetenz zugute." Der erste Halbsatz genügt. Erzählen Sie die Dinge, die Sie für relevant halten, immer so vollständig, dass sie einen Sinn ergeben, aber noch so unvollständig, dass Sie dem anderen eine Lücke für eine Rückfrage lassen.

Merke: Auch und gerade mit 80% Gesprächsanteilen kann man das Gespräch *führen*. Der gemeine Menschenkenner ist ein Beobachter, er will hören und sehen. Meist strengt es ihn an, wenn er sich Fragen ausdenken muss – also bieten Sie ihm die Fragen durch Ihren Erzählstil an.

Wäre es da nicht sinnvoll, gleich durchzureden und es hinter sich zu bringen? Nein, denn spätestens nach drei Minuten ist der Dialog zu Ende und der Monolog beginnt. Erzählen Sie aus Ihrem Lebenslauf nur kurz, was Sie in Bezug auf die Stelle für relevant halten – aber erklären Sie ihn nicht. *Warum* Sie gerade dieses getan oder jenes unterlassen haben, sollten Sie immer erst auf Nachfrage beantworten.

Antworten gewinnen aus Fragen
Auch das gehört zum Spiel des Vorstellungsgesprächs: Denken Sie daran, Sie wollen möglichst viel über den anderen (und das von ihm vertretene Unternehmen) wissen und er möglichst viel über Sie. Beide Wünsche sind berechtigt, es ist für die zukünftige Zusammenarbeit sehr wichtig, dass Sie beide soviel wie möglich übereinander erfahren, um im Idealfall eine möglichst gut fundierte Entscheidung treffen zu können. Und wenn Sie in der ersten Gesprächshälfte nur die Fragen Ihres Gegenübers haben, dann sollten Sie auf diese nicht verzichten. Seine Fragen erzählen für sich eine ganze Ge-

---

[1] Ich z.B. habe fünf Jahre meiner Kindheit in der Türkei verbracht, die damit verbundene Erfahrung will ich bescheiden nicht überbewerten, aber eine Erwähnung findet das in jeder erzählten Autobiographie.

schichte. An welcher Stelle hakt er ein, was will er genauer wissen, wie formuliert er seine Fragen? Mit jedem Wort verrät er Ihnen etwas über sich.

Manche Bewerber verbringen viel Zeit damit, darüber zu phantasieren, was ihr Gesprächspartner, ja schon der Adressat der Bewerbung gerne hören möchte und sich in sozusagen vorauseilendem Gehorsam mit Erklärungen aufzuhalten, die vielleicht gar nicht erwartet wurden. Hätten sie dann die Gelegenheit, Fragen des Anderen tatsächlich zu nutzen, um zu erfahren, was ihr Gegenüber will, hören sie vor lauter Aufregung gar nicht richtig zu. Aber Zuhören ist wichtiger als Voraussahnen.

Bewerbertypen (Vom Schweiger und vom Schwätzer)
Den Schweiger gibt es nicht nur unter den Interviewern. Er taucht unter den Bewerbern beider Geschlechter und nahezu aller Berufe auf. Ich meine nicht die, denen es vor Nervosität die Sprache verschlagen hat, die tauen meist nach einigen Minuten und ein paar aufmunternden Worten auf. Und ich meine nicht die wenigen, die Schweigen als Mittel der Kommunikation einsetzen können. Der Bewerbertyp „Schweiger" betrachtet schon die Frage nach der Uhrzeit als Zumutung. Früher hätte man ihn maulfaul genannt. Er bringt den Interviewer zum Schwitzen. Der Schweiger hat noch nie eine Begebenheit zusammenhängend erzählt, er mag nur Fragen, die man mit Ja oder Nein beantworten kann. Auch Fragen, die man nicht mit „Ja" oder „Nein" beantworten kann, beantwortet er mit „Ja" oder „Nein" oder mit Teilsätzen, die nicht wesentlich länger sind, als eines dieser beiden Worte. Nach einer halben Stunde bricht auch der härteste Interviewer das Gespräch schweißgebadet ab.

Wie so oft gibt es auch die gegenteilige Erscheinung: den Schwätzer. Er beantwortet Fragen nie mit weniger als drei Sätzen, man merkt ihm an, dass es ihn nervös macht, wenn er seine eigene Stimme mehr als ein paar Sekunden nicht hört. Wenn er den Raum verlässt, klingeln dem Interviewer die Ohren, er hat lange vergessen, was er fragen wollte und sucht nach der Substanz im gerade überstandenen Redeschwall. Und doch sind unter den Bewerbern diese beiden Arten selten.

Vom „Maner"

Die meisten Bewerber gehören zu den (von mir) so genannten Manern. Druckfehler? Nein, die Rede ist von den ungezählten Menschen, die mir in meiner Laufbahn begegnet sind, die sich auf eine ganz persönliche Frage ins Allgemeine verabschieden. Über ihr Leben berichten sie wie über das Leben eines – noch dazu beliebigen – Dritten. „Man hat ja damals in der Schule gelernt...", „Man hat versucht, dieses oder jenes Ergebnis zu erzielen.".

Aus einem typischen Dialog:

Bewerber ... „Das war ein schwieriger Vorgesetzter."

Interviewer:„Wie sind Sie denn mit ihm umgegangen?"

Bewerber:„Gegen den konnte man nicht viel ausrichten."

Interviewer:„Und Sie persönlich?"

Bewerber:„Ja, man hat schon versucht, mit dem zu reden, aber der hat nie wirklich zugehört."

Interviewer:„Wie haben Sie ihn denn darauf angesprochen?"

Bewerber:„Also, da war montags immer die Besprechung und die lief schon ziemlich schlecht, und danach hat man schon ab und zu versucht, ihm das Problem zu schildern."

Und so weiter und so fort.

Man könnte meinen, der Maner sei zu bescheiden, „ich" zu sagen, tatsächlich weicht er jeder klaren Stellungnahme aus. Das erinnert Sie an etwas? Genau: an das Anschreiben. Der Maner hat schon im Anschreiben Passivkonstruktion auf Passivkonstruktion gehäufelt und das Wort „ich" vermieden, wie der sprichwörtliche Teufel das Weihwasser. An dieser Stelle ein Satz mit Ausrufezeichen: Das „ICH" ist die einzige Möglichkeit, seine Persönlichkeit im rechten Licht sichtbar zu machen! Sagen Sie „Ich", jedenfalls dann, wenn Sie eine persönliche Frage beantworten.

Typische Interviewer-Fragen (Von Stärken und Schwächen)

> Nimm dich in acht, daß meine Geduld nicht über deiner Langeweile abläuft. Auf meine Ehre, ich ziehe sie deinetwegen nicht noch einmal auf.
> (Georg Christoph Lichtenberg, *Sudelbücher*)

Und das bringt uns zurück zu den Fragen, insbesondere den Fragen des gemeinen Menschenkenners. Der Menschenkenner hat nach der Lebenslauf-Eröffnung noch eine ganze Reihe weiterer Standardfragen. Seine Lieblingsfrage ist die folgende:„Was sind denn Ihre Stärken und Schwächen?" Diese Frage kommt in allen Variationen vor, als Einzelfrage, als Steigerungsfrage („Was ist denn Ihre *größte* Stärke/Schwäche?") und als Gesinnungsfrage: „Was halten Sie denn für die größte Schwäche?" Die Gesinnungsfragen sind eine Klasse für sich, wir kommen gleich darauf zurück. Die Frage nach Stärken und Schwächen dürfte zu den häufigsten überhaupt gehören, sie ist sozusagen die Standardfrage des deutschen Vorstellungsgesprächs.

Um es gleich vorweg zu sagen: Sie ist völlig sinnlos. Über unsere Stärken reden wir zwar gerne, aber im Vorstellungsgespräch werden die meisten bescheiden. Und es ist albern zu glauben, dass irgend jemand blöd genug sein könnte, im Bewerbungsgespräch zum Beispiel „Faulheit" als Schwäche anzugeben.

Sie finden in manchen Ratgebern ernstgemeinte Erläuterungen für diese Frage, die angeblich die Introspektion des Einzelnen prüft. Die Frage taugt jedoch wirklich zu nichts, außer vielleicht, um herauszufinden, welchem Ratgeber der Befragte zu diesem Thema folgt. Denn dort gibt es auch Musterantworten, gute Standardschwächen und gefragte Standardstärken. Teamfähigkeit ist so eine Standardstärke, Ungeduld eine „gute" Standardschwäche. Selbst wenn Sie wirklich sehr ungeduldig sind: vielen Managern gilt Ungeduld als eine Tugend. Sie als eigene Schwäche auszuweisen und dabei sozusagen in die „Falle" einer Entgegnung „das ist doch gar keine Schwäche" zu laufen, ist eine gern gebrauchte Taktik. Mit einem Gespräch hat diese Form des Austauschs jedoch nicht mehr viel zu tun.

Ich habe die Frage nach meinen Schwächen auf jede erdenkliche Weise beantwortet (natürlich auch einmal mit dem Hinweis auf meine – tatsächlich nicht sehr ausgeprägte – Ungeduld). Großen Erfolg hatte ich mit der scheinbar spontanen Reaktion „Frauen und gutes Essen". Mein Interview-Partner in diesem Gespräch und späterer Vorgesetzter erwies sich als humorfrei, er erklärte mir sehr ernsthaft, dass ich seine Frage missverstanden hätte. Und schon hatte ich in diesem kurzen Austausch mehr über ihn erfahren, als er über mich. Als ich von der Industrie in die Versicherungswirtschaft wechselte, habe ich es mal mit „Eitelkeit" versucht. Mein Gesprächspartner, Chef eines Versicherungsunternehmens, bezog das auf meine Kleidung, fand sie ordentlich aber doch offensichtlich eher am unteren Rand seines Spektrums und meinte, meine Eitelkeit könne so ausgeprägt nicht sein. Als ich ihn darauf hinwies, dass ich in dem Produktionsbetrieb, der damals mein Arbeitgeber war, schon als „auffällig" gekleidet galt, hatten wir einen wunderbaren Ausgangspunkt für eine lange Diskussion über Unternehmenskultur in unterschiedlichen Branchen[1].

Meinungs- und Gesinnungsfragen

Wir sind mit den Fragen noch nicht am Ende: Häufig konfrontiert einen der Menschenkenner mit Gesinnungs- oder Meinungsfragen. Ich erinnere mich einer Frage aus meinem ersten Bewerbungsgespräch nach dem Studium. Geschildert wurde mir ein Fall eines Vorgesetzten und eines Mitarbeiters, die sich nicht leiden konnten und deshalb ständig in Auseinandersetzungen verwickelt waren. Ich wurde gefragt, wie ich mich in einem solchen Fall als Schlichter aus der Personalabteilung verhalten würde. Und was ich machen würde, wenn der Streit nicht zu schlichten wäre. Und ob man eher dem Vorgesetzten oder dem Untergebenen Recht geben sollte. Und wer von beiden zu gehen hätte, wenn man sich letztlich von einem der beiden trennen müsste, um wieder Ruhe hineinzubringen. Ich habe geantwortet und geantwortet

---

[1] Ich weiß nicht, ob ich mich in meinem Leben noch einmal um eine Stelle bewerben werde, auszuschließen ist das nicht. Und ich weiß heute schon, was ich auf die Frage antworten werde, denn so schnell wird sie nicht untergehen – es sei denn, mein jetzt folgender Formulierungsvorschlag setzt sich *vorher* durch. Das würde der Frage den Rest geben und natürlich meiner Eitelkeit schmeicheln. Die Antwort kann nämlich eigentlich nur lauten:„Meine größte Stärke ist, dass ich meine Schwächen kenne und meine größte Schwäche, dass ich mir meiner Stärken so bewusst bin."

und geantwortet – und was ich sagte, gefiel dem Interviewer – nur dass er keinerlei Gewähr dafür hatte, dass ich mich in einer zukünftigen realen Situation wirklich so verhalten würde.

Die Interview-Technik ist dennoch weit verbreitet. Oft genug werden reale Begebenheiten aus dem Unternehmen „anonymisiert" und dafür verwendet, die Frage zu klären, wie sich der Bewerber in der jeweiligen Situation verhalten hätte oder würde. Und auch hier erhält der Bewerber mehr und authentischere Fakten über das Unternehmen, als das Unternehmen über ihn. Wie geht man damit um? Man versucht, sich ehrlich in die Situation hineinzudenken und so zu antworten, wie es einem richtig erscheint. Bleiben Sie authentisch – auch wenn man Sie mit für Sie fiktiven Situationen konfrontiert. Und wenn Sie eine Situation geschildert bekommen, die Sie nicht nachvollziehen können, dann sagen Sie es. Fragen Sie nach, lassen Sie Ihren Gesprächspartner erklären – und wieder werden Sie im Zweifel mehr erfahren, als Sie selbst preisgeben.

Die Profis

Es gibt echte Profis unter denen, die Personal auswählen. Sie suchen sich aus einer Bewerbungsunterlage die Anknüpfungspunkte heraus, die sie für die Stelle für relevant halten[1]. Sie stellen Fragen zu konkreten Erlebnissen des Bewerbers, wie er sich in einer bestimmten Situation verhalten hat, sein Handeln, sein Unterlassen, seine Gefühle in einer bestimmten Situation. Solche Professionalität wirkt positiv zurück auf das Gespräch – allerdings nur, wenn der Bewerber antwortet und nicht auf „man" ausweicht. Auch der beste Profi ist gegen einen entschlossenen Maner nahezu machtlos[2].

---

[1] Endlich erschließt sich dem geneigten Leser dieses Buches, warum er so viel Mühe für seine Bewerbung aufwenden soll, wenn er doch in der Mehrzahl der Fälle kaum mit sorgfältiger Lektüre rechnen kann. Ja, all die Mühen für die wenigen Profis, sie sitzen nämlich nicht selten in den interessantesten Unternehmen, Professionalität findet zueinander wie Dilettantismus.
[2] In so einem Fall hat mich meine Ungeduld doch regelmäßig gepackt, war die Wand nicht zu durchdringen, habe ich das Gespräch relativ schnell gerade noch höflich beendet – wie umgekehrt auch als Bewerber, wenn ich einem allzu öden Menschenkenner gegenüber saß.

Dieses sogenannte „Critical Incident"-Verfahren versucht, durch Abfragen erlebter (kritischer) Situationen und darin gezeigten Handelns z. B. herauszufinden, wie sich ein Mensch, der führen soll, in einer *erlebten* Führungssituation verhalten hat. Ich kann wahrscheinliches Verhalten einer zukünftigen Führungskraft verlässlicher vorhersagen, wenn ich weiß, wie sie als Mannschaftskapitän einer Fußballmannschaft nach verlorenem Spiel mit dem Krach zwischen Abwehr und Torwart *tatsächlich* umgegangen ist, als wenn ich sie frage, wie sie sich verhalten würde, wenn zwei ihrer Mitarbeiter (die sie bisher nicht einmal kennt) streiten würden.

Denn Meinungs- und Gesinnungsfragen ergeben eben Wunschantworten, und alles, was man dabei über den Bewerber lernt, ist, wie gut er sich über hypothetische Sachverhalte äußern kann.

Vom Umgang mit zwei Interviewern
Wir hatten schon angesprochen, dass mehrere Interviewer für den Bewerber nicht wirklich ein zusätzliches Problem darstellen. Zwei gut aufeinander abgestimmte Interviewer können zwar deutlich mehr erreichen, als einer – aber vor allem, wenn sie Interviews getrennt führen. Und natürlich nur, wenn sie sich vor und nach dem Interview abstimmen und austauschen. Das aber ist den meisten zu viel Arbeit. Nach der Maxime „vier Augen sehen mehr als zwei" wird dagegen dem eigenen übergroßen Sicherheitsbedürfnis nachgegeben. Der eine verlässt sich blind auf den anderen und am Ende gehen zwei Menschenkenner unvorbereitet in das Interview. Ein Gespräch dreier Personen verläuft jedoch nach anderen Regeln als ein Dialog. Es wird niemals die Intensität eines Gesprächs unter vier Augen erreichen, die Chemie neutralisiert sich sozusagen zum Teil gegenseitig. Außerdem werden die Gesprächsanteile zweier Interviewer in der Regel höher sein als die einer Einzelperson, wenn nicht einer nur zur Beobachtung, zum Mitschreiben oder zum Nicken eingesetzt ist, auch das ist nicht selten der Fall[1].

---

[1] Ich erinnere mich eines Kollegen, der als Leiter eines großen Bereichs für über 300 Mitarbeiter verantwortlich war. Da das Unternehmen und insbesondere seine Abteilung schnell wuchsen, hatten er (als zukünftiger Vorgesetzter) und ich (als Verantwortlicher für das Personalwesen) eine Zeitlang wöchentlich nahezu 40 Bewerber zu „bewälti-

Keine Angst also vor mehreren Interviewern, sie sind nur selten „gefährlicher" als ein guter Einzel-Interviewer.

Das Stressinterview

Natürlich gibt es auch noch Spielarten von Interviews, für die man gerne Interviewer-Gruppen zusammenstellt: allen voran das Stressinterview. Beim Stressinterview werden aus freundlichen Fragen unfreundliche, die meist relativ schnell aufeinander folgen. Bewerber werden gezielt unter Druck gesetzt. Brauchen sie für eine Antwort mehr als einen Satz, werden sie mit der nächsten Frage unterbrochen. Wenn mehrere Interviewer eingesetzt sind, werden oft die Rollen verteilt, dann gibt es einen Bösen, einen Guten und einen, der scheinbar nur beobachtet.

Der Zweck ist offensichtlich: Man will testen, wie gut ein Bewerber mit Stress zurechtkommt, ob er die Nerven verliert, ins Stottern gerät oder schreiend hinausrennt. Ich könnte mich lange daran aufhalten, über Sinn und Unsinn dieses speziellen Interviewverfahrens zu räsonieren. Tatsache ist, dass gerade labile und unerfahrene Interviewer-Naturen gerne spontan zu dieser Technik greifen. Dahinter steckt die Vorstellung, man könne damit in der kurzen zur Verfügung stehenden Zeit schnell den Kern des Bewerbers herausarbeiten. Und natürlich kann man – wenn man gut ist – den Kandidaten unter gewaltigen zusätzlichen Stress setzen und ggf. auch sehen, wie er damit umgeht. Aber braucht es zusätzlichen Stress? 97% aller Bewerber erlebt man ohnehin in einer Stress- weil Prüfungssituation; das auf die Spitze zu treiben, bringt in der Regel wenig zusätzlichen Erkenntnisgewinn und verärgert gerade gute Leute schnell.

---

gen". Meine Vorstellung, die Gespräche einzeln versetzt zu führen, scheiterte an seiner erklärten Überzeugung, dass, Sie ahnen es schon, vier Augen mehr sähen als zwei. Dass sie auch etwas anderes zu sehen bekommen als zwei Augen, war ihm nicht plausibel zu machen.
Da er als Menschenkenner auch nicht von strukturierter Vor- und Nachbereitung und schon gar nicht von strukturierten Interviews zu überzeugen war, konnte man von echter Personalauswahl nicht mehr wirklich sprechen. Wir haben mit Sicherheit deutlich mehr falsch negative Entscheidungen getroffen, als nötig gewesen wäre. Für die Bewerber hatte das nur den Vorteil, dass sie sehr viele Informationen über uns und unser Unternehmen erhielten.

Warum ausgerechnet Sie?

In den Zeiten der Globalisierung schwappen immer wieder Methoden und Ansätze aus anderen Kulturkreisen über den schrumpfenden Großen Teich. Ist es in den Bewerbungsunterlagen das schon erwähnte Statement of Motivation, ist es auf Interviewer-Seite die Frage (die übrigens auf Amerikanisch ganz natürlich klingt und auf Deutsch meist wie das Echo eines Stressinterviews):„Warum sollen wir ausgerechnet (gerade/unter 50 Mitbewerbern) Sie einstellen?"

Es gibt Bewerber, die vor nichts mehr Angst haben, als vor einer solchen Frage, denn sie zielt mitten ins Selbstbewusstsein und prüft zugleich das Wissen des Bewerbers über die Stelle. Wo ersteres fehlt und letzteres nicht vorhanden ist, wird sie wie ein losgelassener Luftballon durch sein Innenleben flitzen, von der Wand abprallen und eine traurige Leere sichtbar machen.

In Bewerbungstrainings wird mir immer wieder zurückgemeldet, dass es sich um eine unfaire Frage handelte. Fairness ist jedoch eine Kategorie, die im Bewerbungsalltag wenig Bedeutung hat (siehe unten, „Unfaire Fragen"). Und diese Frage ist recht eigentlich die Kernfrage, die *sich* jeder Interviewer stellen muss: Warum ausgerechnet diese Bewerberin, diesen Bewerber? Egal, worum sich das Gespräch gerade dreht, egal, welcher Austausch nonverbal stattfindet und gleichviel, ob ich als Bewerber mit einem Profi oder einem Laien spreche, alles läuft auf diese Frage hinaus. Im Werbejargon gesprochen: es geht um Ihre USP – die unique selling proposition, Ihr Alleinstellungsmerkmal.

Was unterscheidet Sie von anderen? [1] In den Zeiten der großen Gleichmacherei im Bewerbungsumfeld tatsächlich eine ungeheure Frage. Und damit nicht genug. Die Frage verlangt eine Wertung: Was macht Sie – bezogen auf die zu besetzende Stelle – *besser als andere*?

Warum wird die Frage immer als Zumutung empfunden? Sie scheint nicht in unsere Kultur zu passen, sie klingt nach nacktem Wettbewerb, sie ruft

---

[1] Die Beantwortung dieser Frage verlangt man von Bewerbern in den USA schon für den cover letter, also das Anschreiben zur Bewerbung.

nach vergleichender Eigen-Werbung[1]. Was immer die Ursachen sind, wir werden noch eine Weile brauchen, bis wir uns nicht nur an Fragen dieser Art gewöhnt haben, sondern auch in der Lage sind, sie selbstbewusst zu beantworten. Für alle, denen schon das „Ich" im Munde quillt, wird es ein sehr langer Weg.

Wer sich bis hierher vorgearbeitet hat, um endlich zu erfahren, wie er diese Frage richtig beantworten könnte, der wird schon wieder enttäuscht. Woher soll ich wissen, weshalb Sie besonders für eine Stelle geeignet sind? Die Frage müssten Sie in Ansätzen schon in ihrer schriftlichen Bewerbung beantwortet haben. Jetzt, gegen Ende des Bewerbungsgesprächs, denn die Frage wird in der Regel nicht am Anfang gestellt, sollte es möglich sein, sie noch besser zu beantworten und hier will ich Ihnen, wenn schon nicht die (nicht vorhandene) Standardantwort liefern, dann doch wenigstens den Weg zu einer solchen Antwort weisen.

Und wie immer in diesem Ratgeber führt dieser Weg über den Dialog. Sie können die Worte des anderen zunächst als Gegenfrage zusammenfassen:„Bei dieser Stelle kommt es doch auf ... an?"[2]. Sobald Ihr Gesprächspartner Ihnen das bestätigt hat, können Sie mit einem auf sich selbst bezogenen Superlativ, oder, falls Ihnen das zu unbescheiden ist, einem Elativ antworten[3]. Apropos unbescheiden: Man kann die verlangte Unbescheidenheit offen ansprechen und z.B. durch Selbstironie eine gewisse Distanz zwischen sich und die aufgestellte Behauptung bringen. Eine Formulierung, die mit „Bei aller Bescheidenheit..." beginnt oder mit „Ich möchte ja nicht unbescheiden wirken, aber..." die kann dann fast ungebremst unbescheiden enden. Sie signalisieren dem anderen damit, dass er Ihnen nicht zustimmen muss, wenn Sie sich für die Beste halten, dass es aber klug wäre, er täte es.

Sie können auch die Frage entschärfen, indem Sie sie als etwas maßlos einordnen:„Eine gewaltige Frage, da bleibt mir nur eine unbescheidene

---

[1] Es ist kein Zufall, dass es in Deutschland so lange gedauert hat, bis vergleichende Werbung möglich wurde.
[2] Im Gespräch dürfen Sie Ihren Gesprächspartner auch wörtlich zitieren.
[3] Kurze Deutschstunde: Der Superlativ in unserem Zusammenhang bezeichnet den Besten innerhalb einer Gruppe (z.B. der der Bewerber), der Elativ den sehr Guten, ohne den Vergleich mit anderen.

Antwort." Es spricht jedoch auch nichts dagegen, ganz schlicht zu antworten:"Ich bin für die Stelle besonders gut geeignet [Elativ]/ am besten geeignet [Superlativ], weil ich…"

Und was sind Ihre Ziele?

Ein weiterer Klassiker in über 90% der Interviews ist die Frage, wo Sie in fünf oder in zehn Jahren sein wollen, was Ihre Ziele sind. Manchmal wird auch nach noch ferneren, nach Lebenszielen gefragt. 95 von 100 Bewerbern antworten darauf, dass sie jetzt erst einmal der neuen Stelle gerecht werden und ganz generell lernen wollten, anschließend könne man (!) dann weitersehen.

Was immer die Antwort ist, diese sollte es nicht sein, wenn man sich nicht einreihen will in die Masse der verdrucksten Persönlichkeitszwerge. Diese Antwort transportiert nämlich je nach Formulierung eine der folgenden Botschaften:"Ich weiß es nicht" oder „Das will ich Ihnen nicht sagen".

Natürlich stellt auch der Fallensteller diese Frage, meist mit der Erkenntnisabsicht, ob er sich hier einen potenziellen Königsmörder einstellt. Will man also eines nicht zu fernen Tages auf den Stuhl des Noch-nicht-Vorgesetzten und ist nicht ausdrücklich die Stelle des Nachfolgers ausgeschrieben, sollte man die Absicht natürlich nicht zu klar formulieren. Aber auch wenn Sie ausweichen müssen oder wollen, auf die oben genannte Frage kann man eleganter reagieren.

Ist der Zeithorizont groß, z.B. weil nach einem Zeitpunkt in 20 Jahren gefragt wird, kann man das offen ansprechen und darauf verweisen, dass es heute nicht möglich ist, konkrete Pläne für zwei Jahrzehnte zu machen. Wer allerdings offensichtlich keine Ziele für die nächsten fünf Jahre hat oder diese verheimlicht, der muss sich nicht wundern, wenn er unter „ferner liefen" endet.

Diese Frage ist schließlich die Basis, um die Ziele des Unternehmens und Ihre Ziele abzugleichen. Oder haben Sie schon wieder vergessen, dass es auch das Unternehmen ist, das auf dem Prüfstand steht? Was nützt es Ihnen, wenn Sie Karriere machen wollen und das Unternehmen mit dem Stelleninhaber etwas ganz anderes vorhat? Und umgekehrt: Sie wollen gerade keine Menschen führen, das würde aber in absehbarer Zeit von Ihnen erwartet? Wenn die Ziele des Unternehmens nicht mit Ihren übereinstimmen, ist das ein Grund, es bei diesem freundlichen Gespräch zu lassen – und die Verantwortung für eine solche Entscheidung liegt auch bei Ihnen. Die Frage nach Ihren Zielen ist also keineswegs eine verbotene Frage, sie ist einer der Schlüssel zu Ihrer Zukunft[1].

Verbotene Fragen
Neben verboten klingenden Fragen gibt es die wirklich verbotenen Fragen: Die nach einer Schwangerschaft zum Beispiel. Oder nach weltanschaulichen Orientierungen. Diese Fragen dürfen nicht gestellt werden, wenn die Antwort nicht eine unmittelbare Rückwirkung auf die Eignung für eine bestimmte Tätigkeit hat oder es sich beim Arbeitgeber um einen sogenannten Tendenzbetrieb handelt. Kann ein Arbeitgeber keine Schwangere einstellen (weil die Tätigkeit mit dem Mutterschutz kollidieren würde), dann hat er ein Recht darauf zu erfahren, ob die zukünftige Mitarbeiterin schwanger ist. Auch kann z.B. die katholische Kirche konfessionslose Bewerber durchaus wegen dieser Konfessionslosigkeit ablehnen. Ansonsten gelten strenge Regeln, was zukünftige Arbeitgeber nicht fragen dürfen, dazu gehören auch Fragen nach Krankheiten (allerdings dürfen Arbeitgeber den Arbeitsvertrag unter den Vorbehalt einer erfolgreichen Eingangsuntersuchung stellen).

Und alle diese Regeln sind für die Katz, wenn sich Arbeitgeber nicht daran halten. Darum haben die Arbeitsgerichte das Recht, verbotene Fragen unwahr zu beantworten, verbrieft. Normalerweise kann die nachweislich unwahre Beantwortung einer zulässigen Frage zur nachträglichen Aufhebung

---

[1] Vom Vorstandsvorsitzenden eines der größten deutschen Konzerne wird berichtet, er habe als junger Ingenieur seine Kollegen im selben Konstruktionsbüro damit genervt, dass er bei jeder Gelegenheit betont habe, er wolle Konzernchef werden. Vom deutschen Bundeskanzler Gerhard Schröder erzählt man, er habe, Jahre vor seiner Kanzlerschaft, abends am Zaun des Bundeskanzleramts gerüttelt und gerufen „Ich will hier rein." Von seinem Vorgänger, Helmut Kohl, weiß man, dass er sich auf das Amt des Regierungschefs vorbereitet hat, seitdem er 18 war. Das sind sicher extreme Beispiele radikaler Charaktere. Aber nur, weil man nicht so sein will, gleich auch auf Ziele zu verzichten, wäre mindestens so radikal.

des Arbeitsvertrages führen, bei unwahren Antworten auf unerlaubte Fragen ist das nicht so. Das ändert nichts daran, dass diese Fragen für Bewerber ein Problem bleiben. Denn die Erlaubnis, die Unwahrheit zu sagen, ist noch nicht die Befähigung dazu. So langsam sollte jedoch klar geworden sein, dass es viele Wahrheiten gibt – oder sagen wir lieber: viele Arten, sich der Wahrheit zu nähern. Die Wahrheit, so lautet ein Bonmot, ist die wirksamste Lüge.

Unfaire Fragen oder Vom Umgang mit Handicaps

> Denn der Alte ist gewiß ein ebenso vollkommenes Geschöpf in seiner Art als der Jüngling.
> (Georg Christoph Lichtenberg, *Sudelbücher*)

Auch legale Fragen können unfaire Fragen sein und unfaire Fragen treffen in überwiegender Anzahl Frauen. Sie beziehen sich (bei Kinderlosen) entweder auf ihre Gebärwilligkeit oder (bei Müttern) auf ihr Problem, dass sie es in der Mehrheit sind, die zu Hause bleiben müssen, wenn die Kinder krank sind. Gerade solchen Fragen gilt es, selbstbewusst zu begegnen. Wer allein drei Kinder erzieht, der beweist dabei soviel Organisationstalent, dass er dieses Talent mit Fug und Recht für sich reklamieren kann.

Selbstbewusst zu antworten heißt auch, kalten Abstand zu sich selbst zu wahren. Auch wenn Sie gegenfragen wollen: „Würden Sie diese Frage auch einem Mann stellen?", sollten Sie das nur tun, wenn die Chemie sehr gut stimmt, oder aber, wenn Sie damit das ersehnte Ende eines auch sonst verkorksten Interviews schneller herbeiführen können.

Immer wieder werden auch andere „Behinderungen" thematisiert. Eine ist das Alter. Die meisten haben inzwischen gelernt, dass die allzu offensichtliche Diskriminierung von Frauen negative Konsequenzen haben kann, da es jedoch in Deutschland immer noch kein Gesetz gegen Altersdiskriminierung gibt[1], können Altersbegrenzungen schon in der Stellenanzeige straflos geäußert werden. Gerade Bewerber jenseits der 50 werden immer wieder offen wegen ihres höheren Alters abgelehnt.

---

[1] Nicht, dass dieses je mehr tun könnte, als die schlimmsten Auswüchse justiziabel zu machen – wenn überhaupt.

Wenn Sie das Vorstellungsgespräch erreicht und mit diesem Thema konfrontiert werden, gibt es jede Menge Möglichkeiten, darauf zu reagieren. Dabei ist der Hinweis auf die eigene Lebenserfahrung noch die schwächste, weil von allen verwendet. Wenn schon, kann es auch hier helfen, sich und die Frage zu ironisieren („Ich habe meinen Konkurrenten schließlich zehn Jahre selbstgemachte Fehler voraus").

Man kann darauf hinweisen, dass mit jedem Jahr, das vergeht, die Zahl der jüngeren Bewerber relativ und absolut schrumpft, im Jahr 2004 ist der geburtenreichste Nachkriegsjahrgang 40 Jahre alt geworden. Und dann gibt es natürlich (übrigens bei allen Fragen) die Möglichkeit, den Spieß herumzudrehen: Fragen Sie Ihren Gesprächspartner, was ihn veranlasst, Ihr Alter ins Feld zu führen. Insbesondere, wenn er jünger ist als Sie, wird er das Thema schnell fallen lassen.

Natürlich Sind Sie nicht davor gefeit, auf einen ganz harten Burschen zu treffen. Der wird Sie unter Umständen mit Behauptungen über höheren Krankenstand oder mangelnde Flexibilität der Altersgruppe der über 50jährigen konfrontieren. Sie dürfen mich dann gerne zitieren: Beide Behauptungen sind falsch. Wer über 50 ist, hat zwar das größere Risiko länger auszufallen, kann dem jedoch mit den richtigen Präventionsmaßnahmen begegnen (die man angesichts einer notwendig längeren Lebensarbeitszeit ohnehin unternehmen sollte). Vor allem aber nimmt die Zahl der Arbeitsunfähigkeiten bis zu drei Tagen mit zunehmendem Alter in der Regel ab – ein Schelm, wer Böses dabei denkt. Was die Flexibilität betrifft: Auch hier haben findige Arbeitgeber schon herausgefunden, dass Mitarbeiter, die den anstrengendsten Teil der Familienarbeit, des Vermögensaufbaus etc. schon hinter sich haben, in der Regel deutlich flexibler sind, als jüngere[1].

Man kann in Deutschland ein langes Leben damit verbringen, zu alt zu sein. Wer mit 19 oder gar 20 erst die Schule verlässt, ist zu alt, wer bei Studienabschluss bereits Ende 20 ist, der hat angeblich seine kreativsten Jahre

---

[1] So hat ein mir bekannter Unternehmer vergeblich versucht, zwei Mittdreißiger für zwei Jahre nach Singapur zu schicken, es gelang ihm nicht. Die Ingenieure, die dann gerne dorthin gingen, waren 49 und 56 Jahre alt.

schon hinter sich[1], wer mit Anfang 50 eine neue Stelle sucht, der ist dafür zu alt und wer mit Anfang 60 einen IHK-Abschluss als Gutachter anstrebt, der ist dafür zu alt.

Aber die heute Jungen haben gute Aussichten, 100 Jahre alt zu werden. Und wer heute 45 ist, den erwarten 20 und mehr weitere Berufsjahre. Wieso die 20 Jahre zwischen 25 und 45 fast schon zu lang sein sollen für eine Karriere, die zwischen 45 und 65 aber offensichtlich zu kurz, hat mir bisher keiner schlüssig erklären können. Soviel ist wahr: Wenn Sie auf die 50 zugehen, sehen Sie sich nicht nur in den üblichen Bewerbungsführern sondern vor allem in der rauen Wirklichkeit jeder Menge Skepsis gegenüber. Wer dann in vorauseilender Demut diese Skepsis durch besonders ängstliches Auftreten bestätigt, der hat schon verloren. Wer älter ist, von dem wird aufgrund der größeren Lebenserfahrung mehr Souveränität erwartet, mehr Stehvermögen und eine höhere Zielstrebigkeit. Wer älter ist, der muss andererseits vielleicht erklären, warum er nicht *trotz* seines Lebensalters sondern *wegen* seiner Lebens- und Berufserfahrung ein geeigneter Kandidat für eine verantwortungsvolle Stelle ist. Aber bitte erst, wenn der andere sich traut, das Thema anzuschneiden.

Wie oft habe ich es bei Bewerbern erlebt, dass ihre Bewerbung mehr Entschuldigung als Werbung war. Eine Entschuldigung dafür, dass sie es wagten, sich zu bewerben, trotz ihrer Handicaps, verbunden mit einer wortreichen Erklärung, warum die Dinge so waren, wie sie waren und wie sie sich gerade deshalb besonders anstrengen wollten und, und, und…

Sie können der Demütigung durch Dritte nicht ausweichen, indem Sie sich selbst demütigen. Es interessiert keinen, welche Probleme ein Bewerber mit sich und dieser Welt hatte oder hat. Gerade ein möglicher zukünftiger Arbeitgeber will nicht dessen Probleme lösen, sondern sein eigenes. Machen Sie ihm also deutlich, warum und wie Sie sein Problem lösen können. Und das geht nur selbstbewusst. Wer in einer Bewerbung nichts Gutes über sich

---

[1] Dass die Funktionäre und Politiker, die diese Behauptung gerne aufstellen, wenn sie selbst bereits Mitte Fünfzig sind, sich selbst damit ins Altersabseits stellen, fällt ihnen gar nicht auf, aber diesen offensichtlichen Mangel an logischem Denkvermögen kann man nicht mit ihrem Alter entschuldigen, daran liegt es nicht …

selbst zu sagen weiß, der sollte, so bitter das sein mag, schweigen. Wer sich selbst so klein macht, dass er ohne weiteres unter den Türen durchkäme, die sich ihm von allein nicht zu öffnen scheinen, weil er ein abwechslungsreiches Leben gelebt oder ein bestimmtes Alter überschritten hat, das angeblich eine Grenze darstellt, der betreibt das Geschäft derer, die immer meinen, (Alters)grenzen setzen zu müssen, der *beweist* damit, dass die Grenzensetzer offensichtlich in seinem Fall Recht haben.

Es gilt, sich mit der hoffentlich mit den Jahren gewachsenen Frustrationstoleranz und Zähigkeit vielleicht etwas häufiger zu bewerben, flexibler zu sein, kreativer zu suchen. Wenn Ihnen Ablehnung wegen Ihres Alters entgegenschlägt, denken Sie immer daran: auch Sie wählen aus. Und Sie wollen nicht wirklich in einer Umgebung arbeiten, in der erfahrene Mitarbeiter keine Chance haben. Denken Sie auch daran: Mit Ihnen altert eine ganze Gesellschaft. Die Jugendversessenen von heute sind die einsamen (Alten) von morgen. Aus jungen Schnöseln werden zwar meist nur alte Schnösel, aber die Zeit wird sie so oder so in die selbstgewählte Isolation der Berufsjugendlichen abschieben. Die Entscheidungen treffen zukünftig Manager, die verstanden (und am eigenen Leib erfahren) haben, dass ein höheres Lebensalter kein Handicap ist.

Das gleiche gilt für „krumme Biographien". Es ist heute nicht mehr schwierig, sehr schnell vom geraden Weg abzukommen, auch er kann sich eines Tages als Sackgasse erweisen. Wie das?

Noch ein bisschen Autobiographie: Ich war (schon) Ende Zwanzig, als ich meine erste Stelle nach dem Studium antrat. Als Nachwuchspersonalreferent. Dankenswerterweise musste ich diesen Titel nicht auf der Visitenkarte tragen. Über die Bewerbung selbst hatte ich schon erzählt, jetzt kommen wir zu dem Grund, warum ich eingestellt wurde. Ich habe Zeit meines Lebens etwas älter gewirkt (um nicht „ausgesehen" zu sagen), als ich jeweils war. Meine spätere Chefin und die anderen Verantwortlichen entschieden sich für mich, weil ich über mein Alter hinaus standfest wirkte – man versprach sich insbesondere dem sehr kämpferischen Betriebsrat gegenüber mehr Unterstützung. Doch, positive Einstellentscheidungen haben solche Gründe.

Jeder weiß inzwischen, dass das beste Fachwissen erstens innerhalb weniger Jahre verfällt[1] und zweitens, Lernwilligkeit und Lernerfahrung vorausgesetzt, auch schnell erworben werden kann. Lebenserfahrung (und „Gesichtsalter", siehe oben) dagegen muss man sich über die Jahre erarbeiten.

Innerhalb meiner Tätigkeit hatte ich hochqualifizierte Ingenieure zu betreuen. Es gab da eine ganze Reihe an Fachleuten, die zunächst Industriemechaniker gelernt, dann die anstrengende Weiterbildung zum Techniker auf sich genommen hatten, um schließlich mit Mitte zwanzig noch den Dipl.Ing. daraufzusetzen. Das Unternehmen, ein Rüstungsbetrieb, hatte solche Laufbahnen in seinen guten Jahren großzügig unterstützt, man hatte die finanziellen Ressourcen und brauchte das erstklassige Ingenieurswissen.

Dann aber brach Ende der 80er Jahre des letzten Jahrhunderts der Frieden in Mitteleuropa aus, der Kalte Krieg war zu Ende. Mit ihm endeten viele Rüstungsaufträge, die zum Teil über ein Vierteljahrhundert kontinuierlich für Auslastung gesorgt hatten. Zwar hatte das Management begonnen, neue Märkte zu erschließen, aber wie das im Strukturwandel so ist: plötzlich waren die Bedingungen in der Entwicklung, der Konstruktion, der Produktion völlig andere als vorher. Wo bis dahin in Jahrzehnten gedacht wurde, wo Produkte für die Bedrohungsszenarien der übernächsten Generation entworfen worden waren, ging es plötzlich darum, bis zum übernächsten Quartal fertig zu sein und heute ausgegebenes Geld innerhalb des Geschäftsjahres zurückverdient zu haben. Wo zuvor über die Konditionen mit Ministerialbeamten verhandelt worden war, saßen auf der anderen Seite des Tisches jetzt plötzlich im Markt gestählte Einkäufer[2]. Die Erde hatte sich kaum dreimal um die Sonne gedreht und sah auf einmal völlig anders aus. Plötzlich brauchte man mehr Elektronik als Mechanik.

Was für mich zur Folge hatte, dass ich nach London flog, um dort Elektronik-Ingenieure mit einer Qualifikation zu finden, die es am deutschen Markt damals nicht gab, und oft in derselben Woche fassungslosen Mittfünfzigern

---

[1] Manchmal innerhalb weniger Monate, wenn es sich um Wissen aus der deutschen Gesetzgebung handelt ...
[2] Vergeben Sie mir das martialische Adjektiv, es beschreibt die Stimmung der Zeit.

gegenüber saß und ihnen erklären musste, dass sie fürderhin im Unternehmen nicht mehr gebraucht würden.

Es waren gut ausgebildete, berufserfahrene Ingenieure mit Lebensläufen, in denen es immer nur vorwärts und zum Teil aufwärts gegangen war, die immer auf einem geraden Weg gewandelt waren. Als dieser Weg plötzlich im Unterholz der allgemeinen Entwicklung verschwand, wurde aus einschlägiger plötzlich eine sehr einseitige Erfahrung[1].

Jeder Lebenslauf kann zu jedem Zeitpunkt knicken oder geknickt werden, die Friseurin, die eine Allergie gegen die Chemie im Salon entwickelt, der Berater, der nach einem Autounfall in einem Rollstuhl sitzt, der Kaufmann, dessen Mutter plötzlich pflegebedürftig wird, die Insolvenz des Arbeitgebers. Der Lebenslauf ist fragil. Fatal ist, dass wir uns in den fünf Jahrzehnten nach dem letzten Krieg angewöhnt hatten, einen Ausnahmezustand, den der relativen Stabilität nämlich, als normal zu betrachten. Wer die *erste* Hälfte des 20. Jahrhunderts als Erwachsener durchlebt hat, der wäre nicht ernsthaft auf die Idee gekommen, eine solche Fiktion für Wirklichkeit zu nehmen.

Das Lebenslauf-Handicap ist normal. Dennoch reiben sich immer noch viele auf bei dem Versuch, ihr Leben nachträglich gerade zu biegen. Da wird verheimlicht und weggelassen, da wird entschuldigt und umgedeutet, und das nicht etwa, um die Wahrheit auf die tatsächlichen Anforderungen anzupassen, also Relevantes zu berichten und Unwichtiges wegzulassen, Positives zu beleuchten und Negatives hintan zu stellen, nein, meist mit dem Ziel, Ecken abzuschleifen und das eigene Leben für ein abstraktes Ideal passfähig zu machen, dem Ideal des Lebenslaufes ohne Brüche eben. Dass so das unsägliche Ideal am Leben erhalten wird und immer neue Legitimation erfährt, empfinde ich als besonders schmerzhaft.

---

[1] Das waren im Übrigen keine Einzelschicksale, auf der anderen Seite des ehemals eisernen Vorhangs hatte der Frieden noch dramatischere Wirkungen für 16 Millionen Deutsche, deren politisches System sich innerhalb weniger Monate auflöste und mit diesem die Sozialisation von gut 40 Jahren. Lebensläufe, die noch so gradlinig sein konnten, erhielten plötzlich einen gewaltigen Knick. Auf einmal hatten sie ein kollektives Handicap, sie kamen aus der „ehemaligen DDR".

Fragen des Bewerbers

Es kommt der Teil des Gesprächs, in dem es an Ihnen ist, Ihre Fragen loszuwerden. Ihre vorbereitete Liste hat sich inzwischen vielleicht verlängert, vielleicht sind die meisten Ihrer Fragen im Gespräch auch schon beantwortet worden. Stellen Sie jedenfalls alle Fragen, die nicht oder nicht mit hinreichender Klarheit beantwortet worden sind. Man sollte jedoch nichts fragen, was erkennen ließe, dass man sich im Vorfeld nicht einmal die Website des Unternehmens angeschaut hat. Wie man das vermeidet? Indem man sich die Website anschaut.

Viele Bewerber haben gelernt, dass man nicht gleich nach der Vergütung fragt und fangen also mit der Frage nach der Weiterbildung an. Das wird auch von einigen Bewerbungsführern empfohlen, weil es angeblich Engagement und Lernwilligkeit demonstriert. Das aber ist kein guter Rat. Nicht nur, dass Weiterbildung für die meisten Unternehmen mehr kostenintensives Übel als sinnvolle Investition ist[1], vor der Einarbeitung schon nach der Weiterbildung zu fragen, ist logisch nicht sehr sinnvoll. Fragen zur Weiterbildung sind dann erlaubt und notwendig, wenn sie die Einarbeitung oder andere konkrete Themen oder Programme betreffen, wie sie z.B. bei Ärzten oder Architekten gesetzlich vorgesehen sind.

Also: auch bei Fragen gibt es keine Standards. Fragen Sie, was Ihnen wichtig ist, nicht, was Bewerbungsratgeber als richtig erkannt haben. Es kann z.B. durchaus angemessen sein, den zukünftigen Vorgesetzten nach seinem Werdegang zu fragen, wenn das von Interesse ist. Sie lernen dabei vielleicht etwas über die Karrieremuster, die er für sich hat, und können Rückschlüsse darüber ziehen, wie er mit seinen Mitarbeitern und deren Entwicklung umgehen wird.

---

[1] Sie sollten wissen, dass bei den häufigen „Streichkonzerten" zur Reduzierung von Kosten immer die Weiterbildung zuerst dran ist.

Das Gehalt
> Geld ist nichts.
> Aber viel Geld, das ist etwas anderes.
> (George Bernard Shaw)

Oft genug ist die Frage nach dem Gehalt bereits Gegenstand der Stellenausschreibung. Wenn dort nach den „Gehaltsvorstellungen" gefragt wird, dann kommen viele Bewerber, gerade wenn sie noch Anfänger sind, ins Schleudern. Was heißt Gehaltsvorstellungen? Ich habe oft Aussagen der folgenden Art bekommen:„Ich muss monatlich 1.250 Euro haben, damit ich klar komme." Auf Nachfragen kam dann heraus, dass es sich um das Ziel-*Netto*-Einkommen handelte.

Nun können auch sehr gute Personaler nicht aus dem Kopf sagen, welches Bruttoeinkommen einem geforderten Nettoeinkommen entspräche, insbesondere, wenn sie keine Lohnsteuerklasse kennen und nicht wissen, welche Abzüge ggf. vom Brutto abgehen. Es sollte sich jedoch inzwischen herumgesprochen haben: Nicht das monatliche Nettogehalt, die Brutto-Gesamtjahresvergütung ist mit der Frage nach den Gehaltsvorstellungen gemeint, inklusive aller Sonderzahlungen, in der Regel jedoch ohne geldwerte Nebenleistungen wie subventioniertes Mittagessen, Altersversorgung etc.

Es ist erstaunlich, mit welch naiver Zurückhaltung – um nicht zu sagen Unbeholfenheit – viele Bewerber an dieses Thema herangehen[1]. Natürlich haben wir uns in vielen Branchen daran gewöhnt, dass das Gehalt und alle sonstigen Bedingungen von der Arbeitszeit bis zum Urlaub durch Tarifverträge geregelt sind. Aber abgesehen davon, dass es schon immer große weiße Flecken auf der Tariflandkarte gab, der Anteil der Stellen ohne solche Tarif-Bindungen wächst schnell. Es ist häufiger als früher Sache des Bewer-

---

[1] Stellen Sie sich folgende Situation vor: Sie gehen ein Auto kaufen, der Händler beschreibt Ihnen in leuchtenden Farben die Vorzüge eines Modells. Wenn Sie dann fragen, was das edle Stück kosten soll, bekommen Sie eine der folgenden Antworten:„Ich weiß nicht, was Sie üblicherweise für solche Autos bezahlen, also machen Sie mir mal einen Vorschlag." oder „So zwischen 30.000 und 40.000 Euro." oder „Mindestens 30.000 Euro". Wie reagieren Sie darauf? Mit Verwunderung, richtig, aber vor allem damit, dass Sie den Preis am unteren Rand festsetzen. Ist der Preis ganz offen geblieben (die erste der drei Antworten), bieten Sie vielleicht 20.000 Euro. Der Händler ist nicht glücklich, traut sich aber nicht, mehr zu fordern. Haben Sie im Autohaus noch nie erlebt. Ist aber Standard, wenn es um menschliche Arbeitskraft geht.

bers, sich und seine Vorstellungen durchzusetzen. Das bedeutet, dass er sich im Vorfeld Gedanken machen und Informationen beschaffen muss.

Rechnen Sie damit, in den nächsten Jahren wieder in mehr Branchen und Berufen firmeneigene Regelungen vorzufinden und dass sich die Verhandelbarkeit nicht nur auf das Gehalt selbst, sondern auch auf die Nebenbedingungen bis hin zur Zahl der Urlaubstage, der Klasse der Beförderungsmittel bei Dienstreisen etc. erstreckt. Ein gerade von jungen Bewerbern immer sehr gering geschätztes Thema ist die betriebliche Altersversorgung. Mit dem schnellen Verfall der staatlichen Rente wird diese zweite Säule der Altersversorgung immer wichtiger. Ein Unternehmen, das keine Altersversorgung anbietet, ist als Arbeitgeber unter sonst gleichen Bedingungen im Nachteil[1].

Interessant ist am Ende des Tages eben nicht allein das Gehalt, sondern auch seine Verteilung über das Jahr, seine „Wegnehmbarkeit" (freiwillige übertarifliche Zulagen z.B. können mit einem Handstreich gekürzt oder gestrichen werden) und seine Aufteilung in fixe und variable Bestandteile[2].

Sie sollten in allen Verhandlungen vor allem darauf achten, dass die zu erreichende Gesamtremuneration (so der Fachausdruck für die Summe aller Geld- und geldwerten Leistungen) für Sie in einem gerechtfertigten Verhältnis zu Ihrer Leistung, Ihrem Können, Ihrem Engagement steht. In vertriebsorientierten Tätigkeiten ist es üblich, große Anteile des Gehalts variabel zu halten. Einem großen Risiko sollte immer auch eine entsprechend große Chance gegenüberstehen, im Klartext: Wenn Sie die Variabilität eines großen Gehaltsanteiles akzeptieren, sollte die Summe des erreichbaren Ein-

---

[1] Wer von vorneherein damit rechnet, nicht bis zur Unverfallbarkeit, also weniger als fünf Jahre im Unternehmen zu bleiben, der sollte besonderen Wert darauf legen, eine betriebliche Altersversorgung zu erhalten, die man mitnehmen kann (z.B. in Form einer Direktversicherung).

[2] Variable Bestandteile in Form von leistungs- oder erfolgsabhängigen Vergütungen haben in den letzten zehn Jahren ständig an Bedeutung gewonnen. Dabei erhält der Mitarbeiter den fixen Teil seines Gehaltes in monatlich gleichen Beträgen, der variable Anteil wird nachschüssig in der Folgeperiode (also erst im darauf folgenden Monat oder Jahr) gezahlt und nur dann, wenn bestimmte vereinbarte Ziele erreicht wurden oder Sie oder die Firma bestimmte Erfolge erzielt haben. Sie werden also am unternehmerischen Risiko beteiligt. Viele Firmen, zunehmend auch staatliche Arbeitgeber, sind jedoch auch der Meinung, Leistungszulagen seien eine Möglichkeit, die Mitarbeiter zu besseren Leistungen zu bewegen. Auch wenn sich das weitgehend als Irrtum erwiesen hat, wird der Traum weitergeträumt.

kommens auch deutlich höher liegen, als dies ohne eine solche Variabilität möglich wäre.

Die Frage nach dem Gehalt sollte im Rahmen eines Bewerbungsgesprächs in jedem Fall geklärt werden, denn es hat bei bester Chemie zwischen allen Beteiligten wenig Sinn, sich Gedanken über eine Anstellung zu machen, wenn die gehaltlichen Vorstellungen nicht in Deckung zu bringen sind.

Weitere Vereinbarungen

Am Ende eines Bewerbungsgespräches oder –tages sollte immer eine Vereinbarung zum weiteren Ablauf stehen. Vereinbaren Sie ganz konkret, bis wann eine Entscheidung erfolgt, wann evtl. mit einem zweiten Gespräch zu rechnen ist. Wenn Sie sich unter mehreren Angeboten für eines entscheiden müssen, dann sollten Sie dies auch schon im Gespräch deutlich machen. Es ist immer wieder erstaunlich, wie Bewerber zwar als normal akzeptieren, dass sie gegen viele Konkurrenten stehen, gleichzeitig aber zu verbergen suchen, dass sie sich bei mehreren Unternehmen beworben haben und diese nun ihrerseits in Konkurrenz zueinander stehen.

Noch einmal: Das Prinzip heißt „Gleiche Augenhöhe". Sprechen Sie offen darüber – so offen, wie das Unternehmen darüber spricht, dass es mehrere Bewerber prüft. Und genauso wie das Unternehmen Ihnen die Namen Ihrer Konkurrenten (hoffentlich) nicht verrät, sollten Sie die Namen der Mitbewerber als potenzielle Arbeitgeber nicht nennen. Wenn es aus anderen Bewerbungsvorgängen Entscheidungstermine gibt, die Sie einhalten müssen, sollten sie jedoch darauf hinweisen. Es spricht nichts dagegen, wenn Sie Ihrem Ansprechpartner andeuten, dass sein Unternehmen für Sie die Taube auf dem Dach sei, Sie aber den Spatz in der Hand wählen müssten, wenn Ihnen die Taube bis zu einem bestimmten Tage nicht gewiss sei.

Für den einen oder anderen ganz Schlauen: Natürlich lässt sich der Konkurrent, der Spatz in der Hand, auch erfinden, schließlich kann die Taube vom Dach aus nicht in diese Hand schauen. Aber solche Lügen sind trotz der Übung, die wir alle damit aus harmlosen Alltagssituationen haben, für die meisten ein schwieriges Unterfangen. Man sollte nicht vergessen, dass man bestenfalls gerade ein oder zwei Stunden gegenseitiges Vertrauen mit einem Fremden aufgebaut hat, das ist immer noch sehr fragil. Wenn man nicht sehr überzeugend ist (oder man seinen Gesprächspartner zu sehr unter Druck setzt), zerstört man vielleicht mit ein oder zwei Sätzen einen hervorragenden Eindruck.

Erstattung von Auslagen

Wenn das Unternehmen Sie eingeladen hatte, ist es verpflichtet, Ihnen die Auslagen zu erstatten. Viele Unternehmen haben Regeln dafür, insbesondere wenn es sich um die Erstattung gefahrener Kilometern handelt. Sie sollten sich Ihre Auslagen jedenfalls erstatten lassen, außer wenn Sie mehr oder weniger um die Ecke wohnen. Es gibt Bewerbungsführer, die davon abraten, Fahrtkosten geltend zu machen, weil Sie damit gleich den Eindruck von Geiz, Engstirnigkeit, Gier oder noch Schlimmerem erweckten. Und tatsächlich sieht es nicht gut aus, wenn man durch Einreichen einer U-Bahn-Fahrkarte einen Verwaltungsvorgang auslöst, der ein Vielfaches dieser Fahrkarte kostet. Es gibt aber keinen Grund, warum Sie auf Hotel-, Flug- oder anderen höheren Anfahrtskosten sitzen bleiben sollten. Sollte die Tatsache, dass Sie Fahrtkosten geltend machen, sich negativ auf Ihre Chancen auswirken, seien Sie dankbar, dass Ihnen die Anstellung bei einem Unternehmen erspart bleibt, das die Kostenoptimierung an diesem „schwächsten Glied" in der Kette, dem Bewerber, ansetzt. Sie dürfen aus dem Verhalten getrost auf die Personalpolitik des Unternehmens schließen.

Absage als Beginn

> Zuerst hatten wir kein Glück, und dann kam auch noch Pech dazu.
> (Jürgen Wegmann)

In Bewerbungstrainings werde ich immer wieder gefragt, wie man am besten mit Absagen umgeht und ob es sinnvoll sei, nach einer Absage anzurufen und nach den Gründen zu fragen. Inzwischen, ich habe davon berichtet, kommt es immer häufiger vor, dass keine Absagen erfolgen, oft genug auch nach Vorstellungsgesprächen nicht. Dann müssen Sie telefonieren. Bei Absagen jedoch lautet meine Antwort auf die Frage, ob man durch einen nachträglichen Anruf etwas lernen kann, weiter klar „Nein".

Schlimmstenfalls holt man sich eine Demütigung dadurch, dass man gar nicht zum Verantwortlichen durchgestellt wird, bestenfalls kommt man in den Genuss der Antwort, die ich immer allen Entscheidern ans Herz und in den Mund lege:„Wir haben uns für einen Bewerber entschieden, der noch besser auf die Stelle passte". Alles andere führt nur zu fruchtlosen Diskussionen mit mehr oder weniger frustrierten Bewerbern, denen auf einmal alles einfällt, was ihnen im Bewerbungsverfahren entfallen war, die sich über die Ungerechtigkeit beklagen, die sich über eine wie auch immer geartete Diskriminierung erregen.

Also, das Telefon bringt Sie wahrscheinlich nicht weiter, wenn Sie eine Absage in der Hand halten. Setzen Sie sich an Ihren Schreibtisch, nehmen Sie sich Ihre Bewerbung vor (Sie hatten doch ein Kopie angefertigt?!). Wenn es ein Gespräch gab, ziehen Sie Ihre Notizen heraus (Sie hatten doch Notizen gemacht?!) und rekapitulieren Sie das ganze Verfahren aus Ihrer Sicht. Das ist sehr schwierig, denn alles in Ihnen wird nach Verdrängung rufen, weg mit Schaden und vergessen. Wenn Sie nicht ohnehin wissen, woran es gelegen hat, unterziehen Sie sich dennoch der Mühe. Lesen Sie die Absage durch (auch die wird wahrscheinlich nur Floskeln und keinen „echten" Grund enthalten) und versuchen Sie, Ansatzpunkte für die Optimierung Ihrer Bewerbungsstrategie zu finden.

Allerdings sollten Sie auch das nicht übertreiben. Oft sind es ganz banale Dinge, die den Ausschlag gegeben haben und manchmal ist es einfach so, dass tatsächlich ein Konkurrent den Zuschlag bekommen hat, der noch besser zur Stelle passte. Eine Absage auf eine Bewerbung oder eine Absage nach einem Bewerbungsgespräch ist viel zu wenig, grundsätzlich an sich zu zweifeln.

Auch 50 Absagen, ohne je eingeladen worden zu sein oder fünf Gespräche ohne ein Stellenangebot sind kein Grund, an sich zu zweifeln – wohl aber an der eigenen Herangehensweise. Für „Handicap-Inhaber" dürfen diese Zahlen getrost verdoppelt werden, aber auch die sollten sich mit ihren Bewerbungszielen und der Form ihrer Bewerbung auseinandersetzen, spätestens wenn sich einmal eine solche Zahl an Absagen angesammelt hat.

Es ist zwar grundsätzlich möglich, die Zeiten und den Zeitgeist für den eigenen Misserfolg verantwortlich zu machen und sich mit stoischer Ruhe weiter zu bewerben. Es spricht jedoch viel dafür, dass nur durch beharrliche Mengenausbringung der Erfolg nicht zu zwingen ist, zumal auch die stärkste Natur irgendwann seelisch in die Knie geht, wenn sie Absage auf Absage oder – schlimmer noch – Schweigen auf Schweigen erdulden muss.

Bleiben Sie offen. Wenn Sie zu Beginn eines Bewerbungszyklus' festgelegt hatten, wonach Sie suchen und zu welchem Preis, dann überprüfen Sie diese Ziele nach 50 bis 80 Misserfolgen. Denken Sie darüber nach, was Sie sonst noch können, ob Sie vielleicht bereit sind, Ihren Suchradius thematisch und/oder geographisch zu erweitern, eine liebgewordene Umgebung zu verlassen, eine Wochenendehe zu führen. Und natürlich gibt es Situationen, in denen eine solche Flexibilisierung der eigenen Ansprüche wenig bringt. Bieten Sie Fähigkeiten an, die zu viele andere auch haben? Zwingen Ihre Lebensumstände Sie, an einem Ort zu bleiben? Dann müssen vielleicht ein paar andere Selbstverständlichkeiten über Bord gehen. Stellen Sie alles in Frage. Und tun Sie es nicht allein, meist bringt einen das nur über die halbe Distanz, für die Überschreitung Ihrer (oft selbst gesetzten und kaum bewussten) Grenzen brauchen Sie Unterstützung.

Nehmen Sie selbstbewusst Hilfe in Anspruch. Vielleicht gibt es Partner, Eltern, Kinder, gute Freunde, die einen Beitrag leisten können. Lassen Sie sich nicht bestätigen, was Sie schon wissen und lassen Sie sich auch nicht von anderen treiben. Beginnen Sie von vorne.

Der Arbeitsvertrag

Dieses Buch endet nicht mit der – nie angestrebten und doch immer möglichen – Absage. Schließlich bewerben Sie sich mit dem Ziel und mindestens solange, bis Sie (wieder) in Lohn und Brot sind. Dennoch ist die Überschrift über diesen Abschnitt etwas irreführend. Über den Arbeitsvertrag aus Sicht des Arbeitgebers gibt es viele (vor allem juristische) Bücher, er würde aus

Sicht des Bewerbers ebenfalls ein eigenes Buch verdienen, soviel wäre dazu zu sagen. Im Rahmen dieses Handbuchs für die erfolgreiche Bewerbung können wir dem Erfolg selbst jedoch nur ein paar Zeilen widmen.

Verträge sind Vereinbarungen unter gleichberechtigten Partnern, auch Arbeitsverträge. Aber lügen wir uns nichts in die Tasche – allein dass der eine oder andere Arbeitgeber eigene Fachjuristen beschäftigt, macht ihn sozusagen etwas gleicher.

Nun sind Arbeitsverträge (wie alle Verträge) unwichtig, bis es Streit gibt. Über Streit denkt man zu Beginn der Beziehung nicht gerne nach und schon gar nicht will man ihn über den Arbeitsvertrag selbst vom Zaun brechen. Und doch bleibt auch der Arbeitsvertrag Verhandlungssache. Zu den verhandlungsfähigen Größen zählt, wir sprachen darüber, in erster Linie das Gehalt, das wird jedoch in der Regel vor der Erstellung des Arbeitsvertrages ausgehandelt. Auch Übernahme von Umzugskosten und entgangenen Gratifikationen beim Vorarbeitgeber, Kündigungsfristen, Altersversorgung, Arbeitszeiten, Dienstreisebedingungen, Vergütung bzw. Abgeltung von Überstunden, unter Umständen auch der Urlaub sind verhandelbar. Die Verhandelbarkeit arbeitsvertraglicher Bedingungen hängt von zwei Elementen ab: davon, wie weit der Arbeitgeber z.B. an tarifvertragliche Regeln oder Betriebsvereinbarungen gebunden ist und davon, wie wichtig Sie ihm als neue Mitarbeiterin oder neuer Mitarbeiter sind.

Auch wenn es nicht möglich ist, die denkbaren Fallgestaltungen hier durchzuspielen, die Grundregel lautet: lesen Sie den Arbeitsvertrag sorgfältig durch, lassen Sie sich erklären, was Sie nicht verstehen[1] und besprechen Sie Punkte, mit denen Sie nicht einverstanden sind. Ist der Vertrag von beiden Seiten unterschrieben, lassen sich Änderungen nur noch schwer durchsetzen.

Wenn das Arbeitsverhältnis begonnen hat, ist der Bewerbungsprozess zunächst einmal beendet. Nur nicht auf alle Zeit, bleiben Sie also am Ball und halten Sie sich marktfähig.

---

[1] Evtl. auch von einem neutralen Dritten, die rund zweihundert Euro, die eine Beratung beim Fachanwalt für Arbeitsrecht kostet, sind meist gut investiert.

Nachwort

Bewerbung ist so vielschichtig wie das Leben, und während ich das Manuskript noch einmal lese, fällt mir auf, was alles noch zu sagen gewesen wäre, und was ich vielleicht alles nicht hätte sagen sollen, um nicht den eigentlichen Zweck dieses Buchs zu gefährden, Sie nämlich zum Selbermachen zu bewegen, zum Bewerben aus eigener (Vorstellungs-)Kraft, aus eigener Sicherheit, ohne zuviel links und rechts zu schauen und ohne die immer gleichen Rezepte abzukupfern.

Ich habe versucht, mich zu beschränken. Wer jetzt enttäuscht ist, den verweise ich darauf, dass ich es angekündigt hatte, von einer Anleitung zu allerlei Mühsal war die Rede. Und sollten Sie mir grollen, weil ich doch den einen oder anderen Ratschlag geäußert und damit notwendig Ihre Kreativität beschnitten habe, dann entschuldige ich mich hiermit ☺ in aller Form und gebe Ihnen den letzten Rat dieses für Sie hoffentlich letzten Bewerbungsbuchs, nämlich: was Sie gelesen haben, nicht zu wörtlich zu nehmen, am besten zu vergessen, was hier an Einzelmaßnahmen steht, Ihre Bewerbung kraftvoll und im besten Sinne naiv anzugehen. Auch dazu hat der von mir geschätzte und hier mehrmals zitierte Lichtenberg – ohne je einen Bewerbungsratgeber heutiger Art in der Hand gehabt zu haben – schon alles gesagt: „Laß dich deine Lektüre nicht beherrschen, sondern herrsche über sie."

Denken Sie daran: Der Erfolg ist immer nur eine Bewerbung weit entfernt.

Danke

Mein Dank gilt allen, die mir über Jahre einschlägige Erfahrungen ermöglicht haben: Bewerber und Arbeitgeber; Mitarbeiter, Vorgesetzte und Kollegen. Unter ihnen waren und sind viele bewundernswerte Menschen und ein paar andere. Auch wenn ich zugegeben von den anderen viel lernen musste, alle im Folgenden Aufgeführten gehören fraglos zur ersteren Gruppe.

Zuerst bedanken will ich mich bei Prof. Dr. Margot Körber-Weik, die mich vor fast 15 Jahren die ersten Bewerbungstrainings ausrichten ließ und mich damit „auf die Nadel" brachte. Ihre intellektuelle Kreativität und Begeisterungsfähigkeit wird wohl nur von ihrem Engagement für ihre Studierenden übertroffen und ist mir, solange ich sie kenne, ein ständiger Ansporn. Ihr schulde ich die Idee zu diesem Buch. Sie hat mich so oft nach einem geeigneten Bewerbungsratgeber (nicht nur) für ihre Absolventen gefragt, dass ich nicht mehr anders konnte, als selbst einen zu schreiben – in der Hoffnung, dass er Gnade findet vor ihren Augen.

Danke an Linda Adam, die nicht nur lange Jahre in meinem letzten Unternehmen erstklassige Personalarbeit geleistet und stets mit großem Menschen- und Sachverstand Konflikte ausgeglichen, ihre Mitarbeiter, Kollegen und nicht zuletzt ihren Chef motiviert hat. Mitarbeiterinnen wie sie machen Führung überhaupt erst möglich. Sie hat die wirklich sehr rohe Rohfassung dieses Buchs kritisch gelesen und mir zahllose wertvolle Anregungen gegeben. Wenn dieses Buch am Ende freundlicher geworden ist, als es je zu hoffen war, dann ist das ihr zu verdanken. Die verbleibenden Grobheiten sind allein meine Schuld.

Danke an Robert Wachs, der mir für dieses Buch seine gestalterische Kraft und Erfahrung zur Verfügung gestellt hat und der mir seit Jahren immer wieder zeigt, dass Geschäftsleben und Freundschaft keine Gegensätze sind.

Danke schließlich den vielen, die mir den Weg in die Selbständigkeit geebnet haben, allen voran meiner Frau Judith, die die Unsicherheit ebenso auf sich genommen hat, wie die Mehrfachbelastung und mir damit Freiheit geschenkt hat. Ihr und unseren Töchtern ist dieses Buch gewidmet.

Ein Angebot an Bewerber

Sie wollen nicht nur lesen, sondern suchen ein gutes Bewerbungstraining, speziell auf Ihre Situation zugeschnitten und mit nachhaltiger Betreuung über einen längeren Zeitraum wenn nötig?

Details zu guten Bewerbungstrainings finden Sie unter www.ulfuebel.de, anmelden können Sie sich per E-Mail bewerbungstraining@ulfuebel.de (und wem das zu lang und zu tippfehlerträchtig ist, der darf sich gerne auch unter info@ulfuebel.de an uns wenden).